青春文庫

新しい経済の仕組み

「お金」っていま何が起きてる？

マネー・リサーチ・クラブ[編]

青春出版社

はじめに

仮想通貨、ブロックチェーン、サブスクリプション……。いずれもメディアを通して見聞きしてはいても、じつはキチンと説明できないという人も多いのではなかろうか。

それはそれでかまわないのかもしれないが、自分には関係のない話とそのままスルーしていられないことは、早々にわかるだろう。新しい経済の仕組みの登場によっていま、世界は大きく変わろうとしているのだ。

本書では、「お金」に今、何が起きているのか、知らないとソンをするポイントを5分でわかるように解き明かした。

たとえば、牛丼、アイスなどの「無料」がもたらす集客力のインパクトの法則、メディアが煽る「老後資金はウン千万円必要」の情報は本当かなど、新しい経済を知るキーワードから、激変するビジネス地図の読み方まで、〝いま〟と〝これから〟を賢く生き抜くビジネスのヒントが満載である。

サバイバル時代に頭一つ抜け出すコツをつかんでほしい。

２０１８年４月

マネー・リサーチ・クラブ

新しい経済の仕組み「お金」っていま何が起きてる？◆目次

① 知らないと損する！「お金」をめぐる最新キーワード ── 13

②あの会社は〝サバイバル時代〟をどう生き延びるのか —— 53

③ その道のプロが見つけた「ビジネスチャンス」の法則 ―― 89

④ 「お金」と上手につきあうにはコツがいる

⑤ 「お金」を呼び込む人が身につけている大人の教養とは？

カバー写真提供 ■ shutterstock
Sergei Babenko/shutterstock.com
Jaruwan Jaiyangyuen/shutterstock.com
Kurdanfell/shutterstock.com
制作 ■ 新井イッセー事務所
ＤＴＰ ■ フジマックオフィス

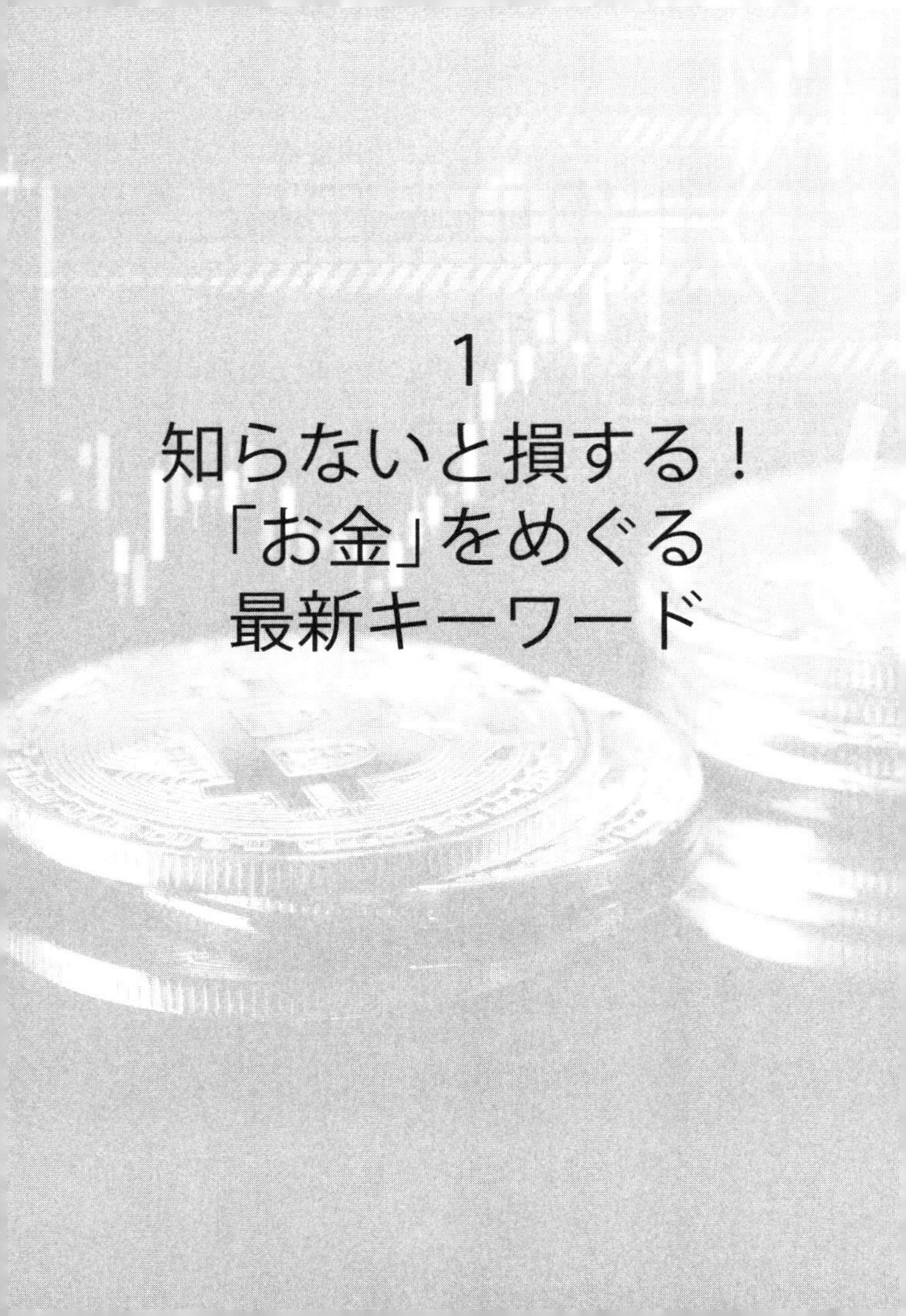

1
知らないと損する！「お金」をめぐる最新キーワード

知っているようで意外に知らない「仮想通貨」の仕組み

５８０億円分にも上る不正流出事件や価格の暴落など、何かと物議を醸している仮想通貨だが、その種類はすでに１５００以上もある。

そのなかでも代表的な存在がビットコインだ。世界中がリーマンショックで大揺れしていた２００９年1月、世界最初の仮想通貨ビットコインは誕生した。

ビットコインの仕組みを考えたのは「サトシ・ナカモト」を名乗る謎の人物で、その論文がネットに投稿されると、興味を持った人たちがビットコインのソフトウエアをオープンソースで開発し始める。

その後、彼らによってプログラムはどんどん書き換えられていき、わずか数カ月で世界中の技術者のアイデアが集約した仮想通貨のシステムが誕生したのだ。

ところで、ビットコインとはどのような仕組みで運営されているのだろうか。

仮想通貨と電子マネーはここが違う

仮想通貨

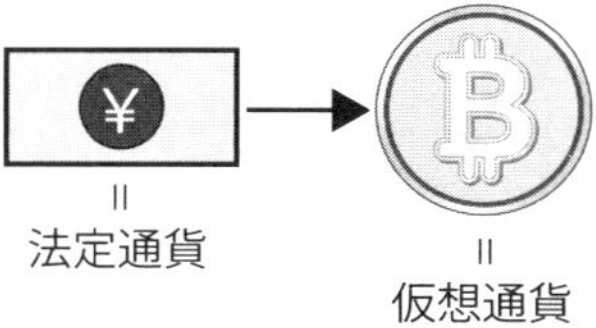

- 仮想通貨は「仮想通貨」をやりとりしている
- 管理者がいない（ブロックチェーンで管理）
- 個人間で直接やりとりする

電子マネー

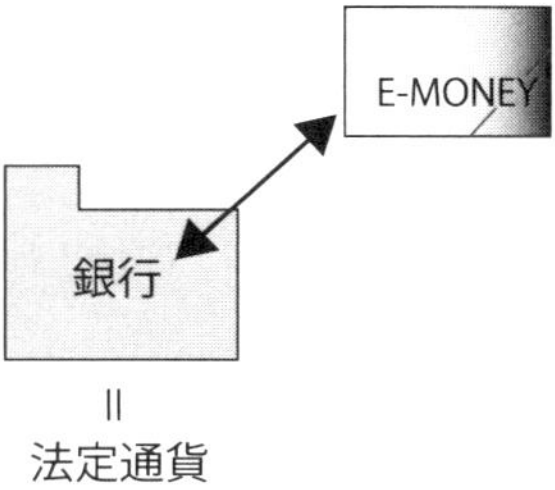

- 電子マネーは「法定通貨」をやりとりしている
- 法定通貨の管理者は国や銀行。電子マネーの発行者は企業など。

まず、仮想通貨が今までの通貨と違うのは、紙幣や硬貨がないことだ。円やドルなどの法定通貨をビットコインに換えると、あとは数字が動くだけで、いわゆる〝現物〟はない。もちろん、ビットコインを再び円やドルに換えることもできる。

また、銀行のような管理者がいないのも特徴のひとつだ。インターネットに管理者などがいないのと同じように、ビットコインにも特定の管理者がおらず、実質の運営はビットコインの健全な流通と普及に貢献している「マイナー」と呼ばれる人たちによって行われている。

円やドルなどを誰かに送金するためには、銀行の口座を介して行わなければならないが、ビットコインは個人間で直接やりとりをする。その送金に不正がないかを監視しているのがマイナーなのだ。

しかも、中央銀行のような通貨の発行者もいない。ビットコインの発行上限は2100万BTC（BTC＝ビットコインの通貨単位）とプログラムで決まっており、それ以上発行されることがない。

新規に発行されるのは、膨大な計算を行って取り引きの正当性を証明したマイナーに報酬として支払われる時だけだ。

新たなビットコインを得るためのこの作業は、マイニング（発掘）と呼ばれており、２１００万ＢＴＣが発掘されるとそこでマイニング作業は終了になる。

ビットコインの場合はこのように上限が決まっているため、インフレが起こって通貨の価値が下がるのを防ぐと同時に、通貨としての価値が担保されるのだという。

ただし、ビットコイン以外の仮想通貨では発行者がいて供給量を操作できるものもある。

特定の支配者が関与しない民主的な通貨としてビットコインは登場したものの、運営を巡る対立で分裂したり、取引所での不正流出事件も少なくない。

しかし、それでも法定通貨への信用が低い国などでは、現実のマネーを仮想通貨に逃避させる動きも高まっている。仮想通貨の存在感は、今後ますます増していきそうだ。

新技術「ブロックチェーン」の本当の衝撃とは？

仮想通貨が通貨として成立するためには、正しい取引が行われていることが絶対的な条件になる。そうでなければ通貨として信用されないからだ。

そこで、発行者や特定の管理者がいないビットコインのシステムの構築を可能にしたのが「ブロックチェーン」という新技術だった。

ブロックは一定期間の取引の塊のことで、チェーンはその塊をつなげるもので、イメージとしては、1ページ分の取引記録がどんどんチェーンでつながれていく台帳のようなものだ。

現実のマネーを管理している銀行では、膨大な取引記録台帳が巨大なメインコンピューターで一元管理されていて、取引が適正かどうかを監視している。

だが、前述したように仮想通貨は銀行や国に管理されていない。管理している

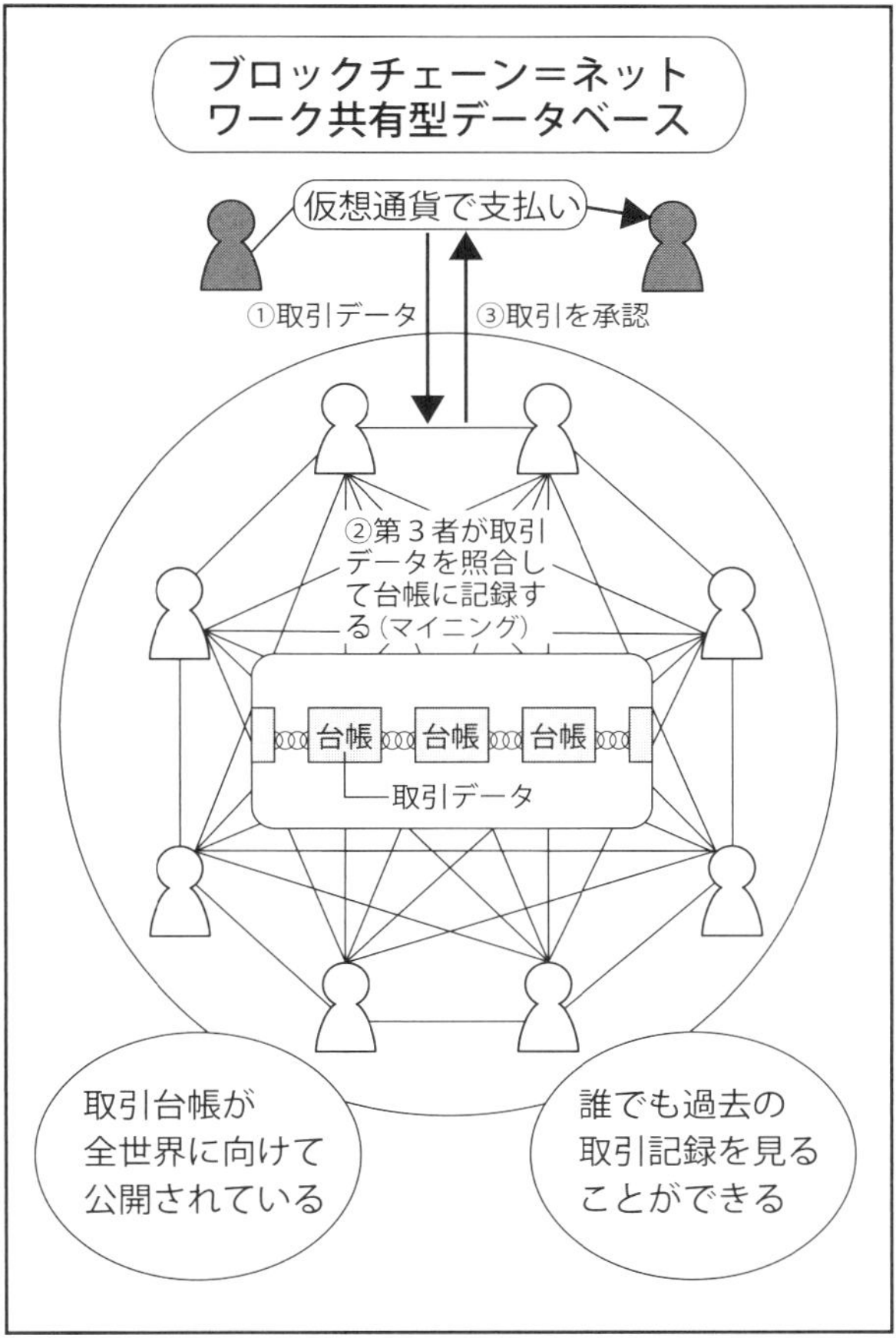
ブロックチェーン＝ネットワーク共有型データベース
仮想通貨で支払い
①取引データ
③取引を承認
②第３者が取引データを照合して台帳に記録する（マイニング）
台帳
台帳
台帳
取引データ
取引台帳が全世界に向けて公開されている
誰でも過去の取引記録を見ることができる

のはビットコインを利用しているユーザーだ。台帳はネットの中で全世界に向けて公開されているのである。

世界中のユーザーのパソコンに台帳データが分散して存在しているので、誰でもすべての取引記録をチェックすることができる。もちろん個人名はわからないが、誰のウォレット（口座）にいくら入っているかは誰もが知ることができるのだ。

そのため、データの改ざんなどの不正記録があれば、それを監視しているマイナーに見つけ出されてしまい、その取引は無効となってしまう。

過去にも仮想通貨のNEMのような不正流出事件が起きているが、流出した仮想通貨がブロックチェーンに残した痕跡をホワイトハッカーが追い、〝犯人〟の逮捕につながった例もある。

このように改ざんが極めて困難な分散型台帳システムが、仮想通貨を通貨として成り立たせているのである。

また、もしどこか1カ所のパソコンが壊れたとしても、世界中にバックアップがあるのと同じなのでブロックチェーンのデータが消えてなくなることはない。すでに世界中に散らばった仮想通貨のシステムを完全に壊すことは不可能だといわれているのだ。

そして、この透明性の高さや信頼性はさまざまな業界で認められ、今や仮想通貨だけでなく、不動産取引やポイントサービスの交換システム、文書管理などにも応用され始めている。

ブロックチェーンはインターネットと同じか、それ以上に世界を変える革新的な技術なのである。

近頃よく聞く「フィンテック」ってそもそも何？

フィンテックとは、「ファイナンス（金融）」と「テクノロジー（技術）」を合わせた造語だ。

日本では２０１４年頃から使われ出した言葉だが、そのきっかけとなったのがアップルペイという電子ウォレット機能だ。iPhone を使ったモバイル決済が日本でもできるようになると話題になり、一般でも認知されるようになった。

スマホによる決済サービスとは、スマートフォンにクレジットカード情報を登録して、アプリをダウンロードしておけば財布代わりになり、手元に現金がなくても買い物の支払いができるというものだ。

その後、アンドロイドペイや、使ったお金の利用履歴で自動的に家計簿もつくれる「クラウド家計簿」なども登場し、フィンテックという言葉に馴染みがなくてもすでにこの技術を使っている人は多いのだ。

とはいえ、日本ではまだまだ現金で支払うのが主流で、海外に比べると社会に広く浸透しているとは言い難い。

その点、お隣の中国ではスマホを使った決済がもはや当たり前で、中国の巨大ＩＴ企業であるアリババの「アリペイ」とテンセントの「ウィーチャットペイ」

には12億人が登録しているという。

スマホさえ持っていれば現金は必要ないので、財布を落としたことに何日も気づかなかった人さえいるとか。

また、モバイル決済は北欧でも多くの人が利用していて〝現金お断り〟という店もある。教会への寄付でさえもスマホを「ピッ」とかざすだけで済んでしまうのだ。

日本でもそんな社会が訪れる日はそう遠くなさそうだ。年々増えている外国人観光客からの要望が増えているし、アリペイは本格的な日本上陸を決めている。そして、ウィーチャットペイも訪日中国人観光客向けにすでに日本でサービスを始めている。

そして、何より政府がキャッシュレス決済の比率を引き上げることを目標にしているのである。

「お金」の概念は、あと数年も経てばガラリと変わってしまうのだろうか。

「アセット・アロケーション」で資産配分のツボがわかる！

定期預金に預けてもほとんど利息がつかない超低金利が続いている。

この先の長い人生のことを考えると、なるべく早い時期から老後資金を準備したほうがよさそうだが、かといってFXや仮想通貨に手を出すような知識も経験もない。いったい何に投資すればリスクを少なくして増やすことができるのか悩んでいる人も多いだろう。

そこで、知っておきたいのがアセット・アロケーションという考え方だ。

これは投資の基本的な考え方で、資金を複数の資産（アセット）に分配（アロケーション）して投資することをいう。投資先としては、大きく分けて、

①国内株式
②海外株式

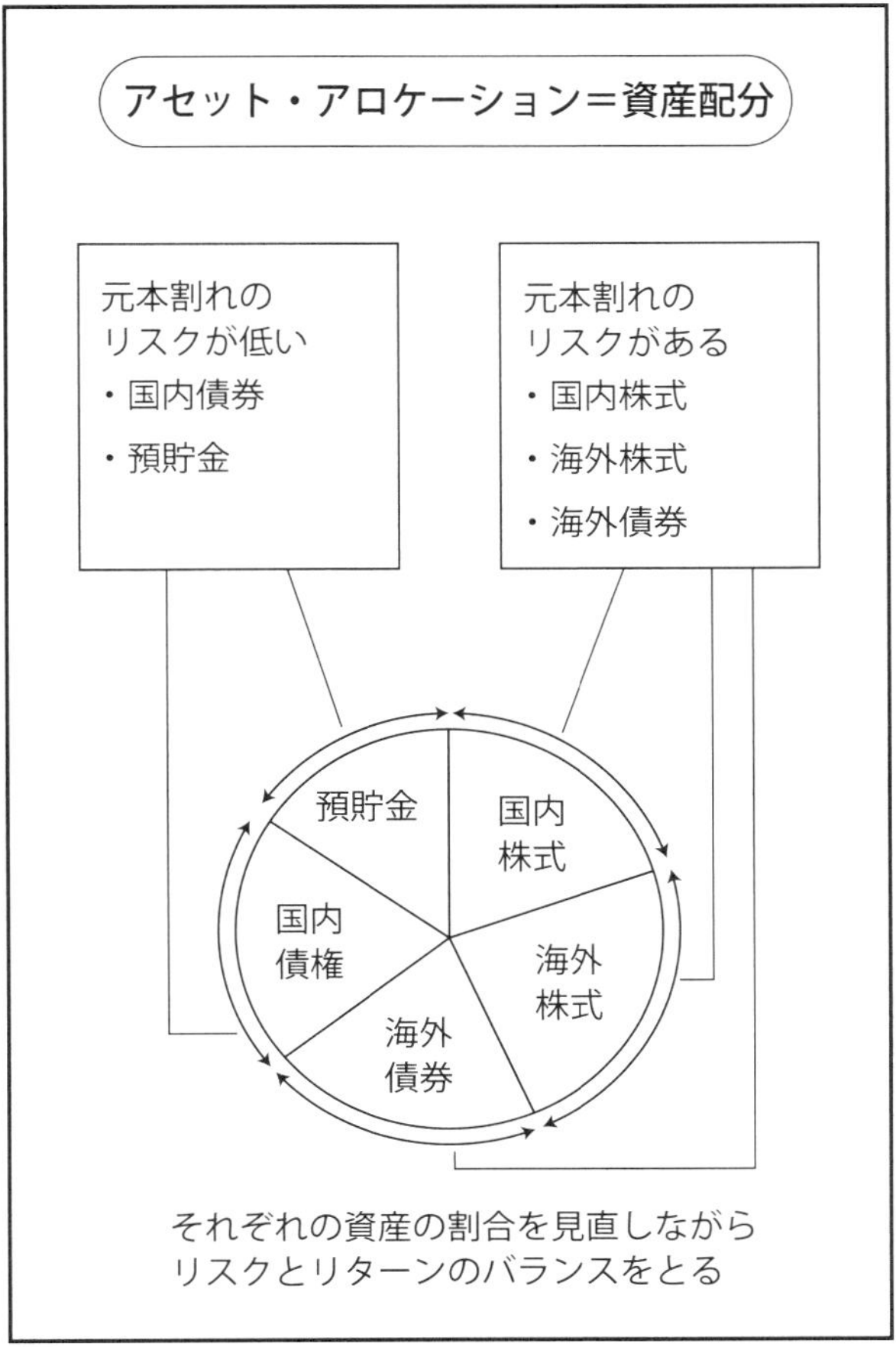
アセット・アロケーション＝資産配分
元本割れの
リスクが低い
・国内債券
・預貯金
元本割れの
リスクがある
・国内株式
・海外株式
・海外債券
預貯金
国内
株式
国内
債権
海外
株式
海外
債券
それぞれの資産の割合を見直しながら
リスクとリターンのバランスをとる

③国内債券
④海外債券
⑤預貯金
がある。

この5つの中で、元本割れのリスクを伴うのが①国内株式と②海外株式、そして④海外債券で、ローリスクなのが③国内債券と⑤預貯金だ。

リスクの高い資産はその分、リターンも期待できるが、リスクがない資産は投資というにはあまりにもリターンが少ない。つまり、これら5つのどれかひとつに投資先を絞ってしまうと、たとえば株が大暴落した時に大損をしたり、逆にただおカネを眠らせているだけという状態になってしまうのだ。

そこで、リスクのある資産①、②、④と、それほどリスクのない資産③、⑤に資金を分けて配分することで資産全体のリスクを抑え、なおかつ効率的なリターンを目指すことができるというわけだ。

グループでの割り勘もできちゃう「LINE Pay」の考え方

スマートフォンなどを使って無料通話や無料メールができるコミュニケーションアプリのＬＩＮＥ（ライン）は、かわいらしいスタンプで簡単に喜怒哀楽を表現できる機能などが人気を呼んでまたたく間に世界中に普及した。

このＬＩＮＥを運営する会社が２０１４年から開始したモバイル送金・決済サービスが「LINE Pay（ラインペイ）」だ。

まずは、規約に同意して LINE Pay に登録し、コンビニエンスストアや自分の銀行口座から事前に LINE Pay にお金をチャージする。チャージしたお金は LINE Pay 加盟店での支払いに利用することができ、オンライン決済はもちろん、リアル店舗でも加盟している店での支払いに使うことができるのだ。

そのほか、ＬＩＮＥユーザー間で手軽に送金や送金依頼、割り勘ができるのが特徴だ。

たとえば、相手の銀行口座を知らなくても、送金したい友達を選んで送金額を入力し、メッセージを書き込めば相手のLINE Payにお金が送れるのである。

飲み会の代金などを割り勘にしたい時は、合計金額と参加メンバーを入力すれば参加メンバーそれぞれに均等に割られた金額を請求することもできる。

ただし、相手がLINE Payに加入していない場合は、加入した後に送金や割り勘が完了する仕組みになっている。

ちなみに、LINE Payには「LINE Cash」と「LINE Money」の2種類のお金がある。

「LINE Cash」は本人の確認をしなくても使えるお金で、LINE加盟店などの決済で使うことができる。

一方、「LINE Money」はLINEユーザー同士で送金や割り勘がしたい時や、LINE Payの残高を現金として引き出したい時に使うお金で、本人確認が必要になる。

注意したいのは、オンラインでお金を使う時には手数料はかからないが、LINE Moneyを引き出す時には手数料がかかることだ。

これらのいくつかの注意点を理解すれば、こうしたＩＤ決済サービスは支払いのたびにクレジットカードの情報を登録する手間が省けて便利なため、ますます拡大する傾向にある。

ユーザーにとっては手軽に買い物を楽しめ、企業にとってはサイトやアプリの利用者からの購入が増えるという、双方にとってメリットがあるサービスというわけだ。

いまどき「アンティークコイン」が注目を集める理由

中国では資産の防衛策として伝統的に金（ゴールド）を持つ人が多いが、これは国の成り立ちと関係している。

ひと口に〝4000年の歴史〟といっても、中国の場合は唐、宋、元、明、清…というように王朝の興亡によって歴史が積み重ねられてきた。そのため、王朝が滅んで新しい国が興ると、それまでの通貨や不動産の権利がすべてリセットされてしまうのだ。

だから、長い歴史の中で変わらない価値を保ち続けられるもので資産を保有するというのは、当然の自己防衛手段であり、理に叶っているというわけだ。

なかでも金を買う富裕層は多いのだが、最近では金よりもさらに注目されている現物資産がある。それがアンティークコインだ。

アンティークコインとは、発行されてから100年以上経っている金貨や銀貨のことで、その種類は全世界に20万種類ほどあるという。

特に世界に現存する数が数枚しかないものは価値が高く、わずか数グラムしかないコイン1枚の価値は1億円以上にもなる。

当然、資産を持つなら大量の札束よりも1枚のコインのほうが管理しやすく、持ち運びも簡単だ。しかも、ひとたび世界恐慌のような金融危機にでもなれば株や紙幣は紙くず同然になるが、アンティークコインなら金やプラチナと同じように価値は変わらない。

投資価値も高く、そして安全というわけで富裕層に人気の投資先になっているのである。

今後、世界のマネーが仮想通貨に流入し、キャッシュレス社会がさらに進めば、製造される貨幣の数は減っていくだろう。

もしかすると、現在流通しているコインも１００年後にはアンティークコインとして価値を生み出しているかもしれない!?

「インシュアテック」が保険の常識を覆す!?

フィンテックは「ファイナンス（金融）」と「テクノロジー（技術）」の造語だが、では「インシュアテック」はどんな意味なのだろうか。

正解は、「インシュアランス（保険）」と「テクノロジー」を組み合わせた言葉だ。

保険業界でもＩＴやＡＩの技術を導入して、新しい付加価値をつけた保険商品が誕生しているのである。

その一例が、医療保険に健康増進特約をプラスできるという商品だ。

これは、医療費のかかる病気や介護に備えて保証を手厚くするといった、今までの特約とは真逆の発想で、自身の健康のために行動を起こせばキャッシュバックされるという仕組みになっている。

たとえば、平均1日８０００歩を歩くことを2年間継続すれば還付金が受け取れるといったシステムだ。

この目標を管理するのがインターネットとつながったウェアラブル端末で、契約すると端末がレンタルされる。これで日々の歩数を管理することができるというわけだ。

また、契約者でなくても健康を自己管理できるスマホアプリを開発した保険会

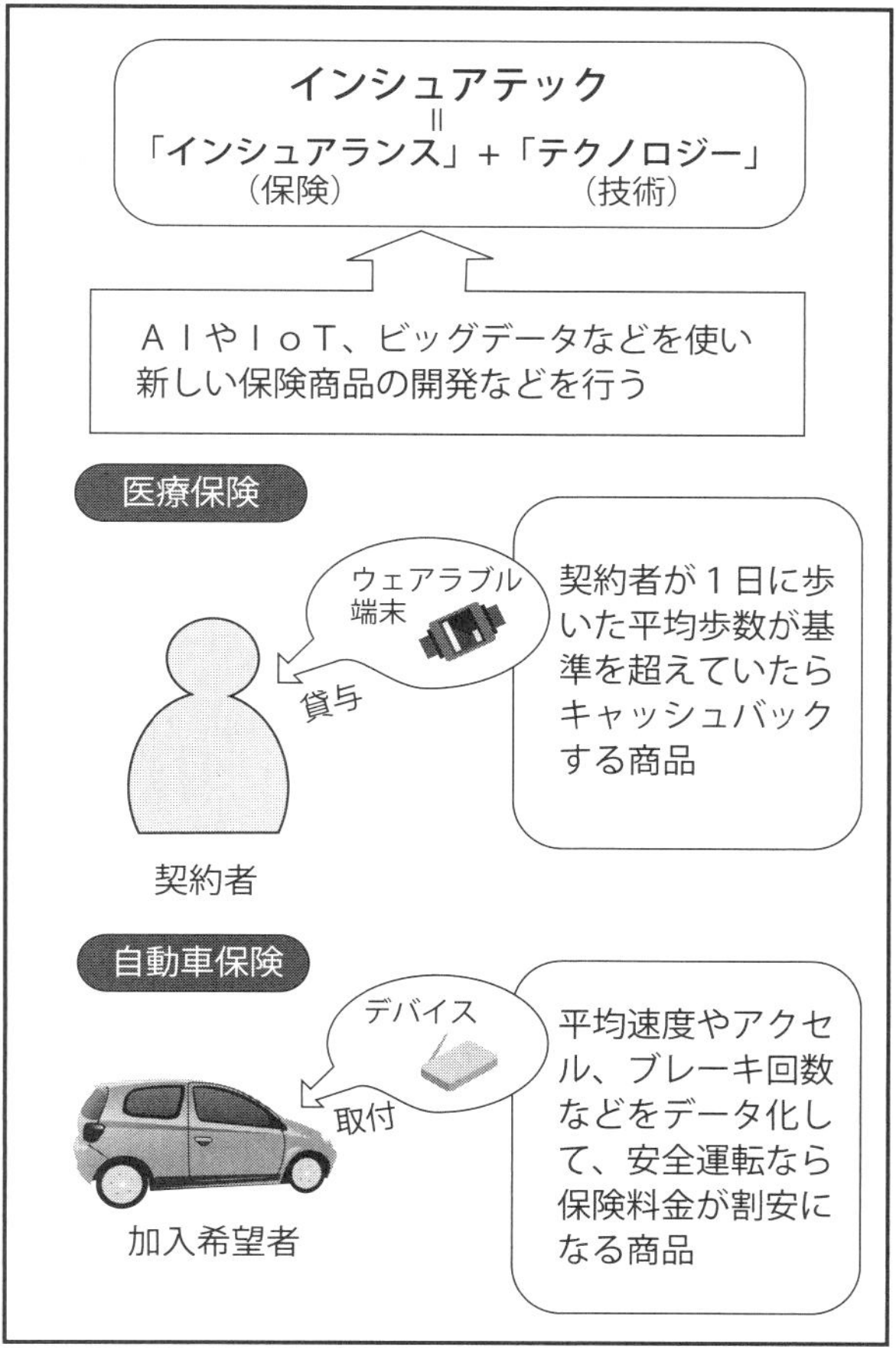
インシュアテック
＝
「インシュアランス」＋「テクノロジー」
（保険）
（技術）
ＡＩやＩｏＴ、ビッグデータなどを使い
新しい保険商品の開発などを行う
医療保険
ウェアラブル
端末
貸与
契約者が１日に歩いた平均歩数が基準を超えていたらキャッシュバックする商品
契約者
自動車保険
デバイス
取付
平均速度やアクセル、ブレーキ回数などをデータ化して、安全運転なら保険料金が割安になる商品
加入希望者

社もある。

これは、年に一度の健康診断結果をスマホで読み取り、それをもとに健康のためのアドバイスを行うというシステムだ。

現在の生活習慣を続けていると、将来どのような「顔」に変化するのかをシミュレーションする機能などもついている。

ＩＴやビッグデータを活用して、「人生１００年時代」の健康的な生活を支えるというのがコンセプトだ。

ただ、このようなサービスが広まることによって病気のリスクを管理しやすくなると、これまでのようなリスクに備えるタイプの医療保険に対する加入者の意識も変わってくるはずだ。

超高齢化社会の日本で、インシュアテックは保険の概念をガラリと変えてしまう可能性もあるのだ。

老後破産時代に新登場！「トンチン保険」のポイント

この世に生まれてきた以上、誰もがいつかは必ず迎えるのが「死」だが、どんなに人工知能のディープラーニングが優れていても割り出せないのが人間一人ひとりの寿命だ。

日本人の平均寿命は男女とも世界トップクラスで、50歳を迎えた人のうち男性は5人に1人、女性は2人に1人が90歳まで長生きするという。

また、2017年秋のデータでは、100歳以上の高齢者は約6万7000人と過去最多を更新している。まさに「人生100年時代」といわれるにふさわしいのだが、そうなってくると不安になるのが老後資金だ。

たしかに長生きすることはめでたいのだが、その反面、老後破産のリスクも高まる。そこで、話題になっているのが「トンチン保険」である。

トンチン保険とは、長生きするほど多くの保険金が受け取れる保険商品で、17世紀のイタリアの銀行家ロレンツィオ・トンティンが考案した保険制度が原型になっている。

トンティンが考えた仕組みはこうだ。

保険の加入者は加入時に一括払いで保険料を支払う。一度支払うと中途解約はできない。一方の保険会社は集まった払込み保険料を元手に運用して、その利益に相当する額を加入者全員が死ぬまで払い続ける。

そして、満期になった時に生存していた人に元本と運用益を分配するというシステムになっている。

日本では2016年からこの保険制度を応用した商品が登場してきた。ただ、日本版のトンチン保険は保険料の払い込みは一括ではなく、50～70歳までの20年間に分割して支払い、受け取りは70歳からスタートする。

一応、中途解約もできることになっているが、元金に影響が出ないよう解約金の額はかなり少なく抑えてある。

そして、払い込んだ保険料を払い戻し保険料が上回る損益分岐点が90歳前後。つまり、90歳以上まで生きれば得をするという商品なのだ。

若いうちは、「さすがに90歳までは生きていないだろう…」と考えがちだが、正直言って未来のことはわからない。

公的年金の支給年齢もどんどん引き上げられるなか、いつまで働いて何歳から年金暮らしに突入するのか。先が読めないからこそトンチン保険に賭けてみる価値はあるかもしれない。

これだけはおさえたい「NISA」のキホンとは？

2014年に登場した「NISA」は、2017年9月末時点での開設口座数が1100万口座を超えている。単純計算で、日本人の1割以上がNISA口座を開設しているということである。さらに、2018年1月からは「つみたてN

ＩＳＡ」も始まっている。

そこで、あらためておさらいをしておくと、ＮＩＳＡは少額の投資で得た利益が非課税になるという税制優遇制度だ。

株や投資信託のために証券口座を開設した場合、投資で得た配当金や譲渡金には20％以上の税金がかかるのだが、この口座をＮＩＳＡ口座にしておけば非課税枠までの運用益は課税の対象にならないのだ。

現在、ＮＩＳＡには３つの種類があって、それぞれ非課税枠の上限や投資対象、利用できる年齢などが異なっている。

まず、一般のＮＩＳＡは毎年１２０万円を超えない範囲で株や投資信託などさまざまなものに投資できるが、つみたてＮＩＳＡで投資できるのは投資信託だけで、年間の累計購入額が40万円までだ。

どちらも20歳以上の人が利用でき、ここから得た利益にかかる税金が一般のＮＩＳＡは購入から5年間、つみたてＮＩＳＡは最長20年間非課税になる

つみたてＮＩＳＡの非課税枠が40万円と低いのは、その名前のとおり投資信託

３つのＮＩＳＡの比較

	ＮＩＳＡ	つみたて ＮＩＳＡ	ジュニア ＮＩＳＡ
対象者	日本に住む 20歳以上	日本に住む 20歳以上	日本に住む 0～19歳
投資対象	上場株式、 株式投資 信託	投資信託	上場株式、 株式投資 信託
非課税 投資枠	年間 120万円	年間 40万円	年間 80万円
非課税 期間	最長 5年間	最長 20年間	最長 5年間
引出制限	なし	なし	18歳まで 引出不可

ＮＩＳＡと
つみたてＮＩＳＡの
併用は不可

口座管理人は
親権者

を毎月コツコツと積み立てていく制度だからだ。

投資に回せるまとまったお金があり、自分で投資対象を選んで売買もやりたいという人ならNISA、運用はプロに任せて長期的にお金を増やしたいという人にはつみたてNISAが合っている。

口座はどちらかひとつしか開設できないので、NISAを始める時にはよく考えてから選びたい。

また、ジュニアNISAは口座の名義人が0～19歳までで、資金の運用や管理などは親権者などの代理人が行う。

投資できる対象はNISAと同じで、非課税枠は年間80万円、原則18歳になるまでは資金は引き出せないことになっている。

資金は親や祖父母のお金ということになるが、年間80万円なら贈与税の対象にならないので、ジュニアNISAを受け皿にすることで贈与税の対策にもなる。

いずれにしても、一般の証券口座にはない非課税枠があるのがポイントなので、多少のリスクは承知の上で資金を運用しようと思ったら、まずはNISAから始めると安心だ。

「シャープ・レシオ」で、リスクとリターンを見極める

預けた資産の運用をプロに託す投資信託は、投資の初心者向きの商品だといわれる。

しかし、それでも始めようとすると頭を悩ませてしまうのが「どの商品を選べばいいのか」という問題である。

とりあえず運用益が出ているものを選ぶという人が多いが、その時にプラスに転じているからといってその状態が今後も続くとは限らない。

そこで、第一のハードルを越えるための手助けになる指標が「シャープ・レシオ」だ。

これは簡単にいえばリターンをリスクで割ると出る数値である。

だが、これを自分でわざわざ求める必要はない。投資情報サイトなどの投資信託ランキングに銘柄ごとに表示されているからだ。

このパーセンテージが高ければ高いほど、これまでローリスク・ハイリターンで効率的な運用ができているということになる。ちなみに、好成績の理由にはファンドマネージャーの〝腕〟も含まれている。

だから、そのファンドマネージャーが交代するようなことがなければ、今後も高い運用成績が期待できるというわけだ。

ただし、ランキングに表示されているシャープ・レシオは過去1年間の数値の場合があるので、3年や5年など複数の数値を確認したほうがいい。それでも数値が安定していれば、安心な商品だといえるだろう。

また、複数の銘柄を比較する際は、投資先が同じカテゴリーのもの同士で比較しないと意味がない。

中国株なら中国株同士、国際債券なら国際債券同士など同じカテゴリーのものを比較すれば、ローリスク・ハイリターンな商品を見つけ出すことができるのだ。

「ロボティクス業界」に熱い視線が注がれる理由

株で利益を得るには、ギャンブル的に売ったり買ったりを繰り返すのではなく、成長分野を見つけてじっくりと投資するのがいいというのが一般的な見方だ。

そういう意味では、初心者にとって今が投資の始め時なのかもしれない。というのは、ＡＩにビッグデータを与えることによって、既存の業界でも今までとまったく違ったビジネスチャンスが生み出されているからだ。

そこで、期待できる投資先のキーワードといわれているのが「ロボティクス」だ。

ロボティクスとは、簡単にいえばロボット工学ということになるが、ＡＩやＩｏＴなどの技術も関連分野だ。

そんな技術が、今後は暮らしのあらゆるところで使われるようになる。２０１

7年は話しかけるだけで操作ができるＡＩスピーカーが話題になったが、このような技術が応用されたロボット家電が続々と登場しそうなのだ。

たとえば、観ている人の好みを学習するテレビや、音声で料理の作り方をレクチャーしてくれるオーブンレンジ、庫内に入っている材料でレシピを考えてくれる冷蔵庫などの開発が進められている。

もちろん家電業界だけでなく、医療や介護など、今後ロボットを導入する業界はますます増えていく。

投資信託でもロボティックス関連の商品は増えているのでチェックしてみる価値はありそうだ。

「iDeCo（個人型確定拠出年金）」って、結局何なの？

超低金利は依然として続いているが、なかでも定期預金などは単なる現金の預け先でしかなくなっている。

だが、もし定期預金をするだけで支払った税金を取り戻せるとしたらどうだろうか。手段は多少違えどお金は増やせるはずだ。

そんな裏ワザ的な制度が個人型確定拠出年金、通称ｉＤｅＣｏだ。

掛け金を個人が拠出して準備する確定拠出年金の制度は以前からあったが、その対象は企業年金制度がない企業の会社員や自営業者だった。

しかし、２０１７年からは公的年金の被保険者であれば、企業年金がある会社員でも専業主婦であっても原則、誰でも加入できるようになったのだ。

ｉＤｅＣｏがお得なのは、専用口座にお金を入れた時点で確実に節税できるという点だ。

企業年金制度のある会社員や公務員は年間の拠出金が14万４０００円、自営業者なら81万６０００円という上限はあるものの、これだけの額が所得控除の対象になるので年末調整や確定申告で取り戻すことができるのだ。

たとえば、課税所得が４００万円で年間合計14万４０００円を拠出した場合、所得税と住民税を合わせて約4万3000円が還付される計算だ。

しかも、課税所得が400万円の自営業者が上限の81万6000円を拠出した場合は、なんと約23万6000円の節税になる。

さらに拠出金で投資信託を購入することもできるのだが、その運用益も非課税になるというメリットもあるのだ。

デメリットといえば60歳まで解約できないことや、口座管理費などの年間手数料が数千円程度かかることだが、ネット証券なら年間手数料を1000円以下に抑えられる。

さらに、投資信託を選んだ場合には信託報酬が差し引かれて、年金の受け取り額も運用実績によって異なってくることも理解しておきたい。

このように多少のデメリットはあっても、やはり節税効果と通常約20%の運用益が非課税になるのは大きい。

これからの老後生活は国民年金はもちろん、企業年金でも足りないというのはもはや常識だ。

老後の資金を積み立てたいと思うのであれば、今のところｉＤｅＣｏも選択肢のひとつであることは間違いないだろう。

新登場！「電源機能付きクレジットカード」のカラクリ

最近のクレジットカードは使い勝手がよくなっている。スーパーやコンビニなど少額の支払いならサインする必要がなく、レジでカード情報を読み込むだけで支払いが完了する。

しかも、ネットで買い物をする際にはカードを提示する必要もなく、カードの表面に書かれている番号や有効期限を入力するだけでＯＫだ。暗証番号による本人確認などもない。

ただ、このようなサインレス決済は、簡単なだけにカードを紛失した時に勝手に他人に使われてしまう可能性も高い。

ちなみに、クレジットカードの不正使用による被害額は年々増えていて、２０１２年に68億円だったのが２０１６年には１４０億円と倍増している。

そこで、そんな不正使用を防ごうと世界初のクレジットカードが登場する。それが電源機能つきカードである。

一般的なクレジットカードは、カードの表面にカード番号や所有者の名前、有効期限などの情報が印字されている。いってみれば、情報漏えいにまったく無防備な状態だ。

ところが、この電源機能つきのカードならこれらの情報を隠せてしまう。カードについているスイッチをオンにし、パスワードを入力しなければＩＣチップが働かないため、カード番号も表示されないのだ。

しかも、電源は8分間で自動的にオフになるので、万が一落としたり、盗難に遭ったとしても、パスワードを知らなければそのカードを使うことはできないというわけだ。

ただ、従来のクレジットカードでは、会計のために預けたカードの情報をスキマーで読み取られるという被害も少なくなく、電源を入れた状態で渡してしまえばどうなるのかなど、まだまだ不安な点もある。

また、使うたびにパスワードを入力するのは慣れなければ面倒な作業でもある。

しかし、社会のキャッシュレス化が進むなか、電源機能つきのクレジットカードがこれからのスタンダードになる可能性は高い。

「ソーシャルレンディング」でお金を貸し借りする方法

お金は金融機関から借りるもの、という常識を覆す「ソーシャルレンディング」というサービスが登場して急成長している。

これもやはり金融とＩＴを組み合わせたフィンテックのひとつで、まるで友達にお金を貸すように、お金を必要としている企業などに個人投資家から小口で集めたお金をネット上で貸すことができるというものだ。

ネットで資金を募る方法としてはクラウドファンディングが有名だが、こちらは融資というよりも、ビジネスプランなどの趣旨に賛同した人がその事業を応援するためにお金を提供する〝寄付〟のような形で行われることが多い。

だが、ソーシャルレンディングはあくまでも融資であり、借りたほうは貸した側に返済や配当、金利などのかたちでリターンする必要がある。

つまり、銀行を介することなく直接お金の貸し借りができるシステムで、運営会社が行っているのは融資のマッチングサービスなのである。

個人投資家がソーシャルレンディングでお金を貸すメリットは、他の投資商品よりも高い利回りを設定できることにある。

最近の定期預金は高くても年利は０・３％程度だが、ソーシャルレンディングは５〜10％と高い。

もちろん、その分借りる企業側は高い金利を支払わなければならない。だが、それでもソーシャルレンディングを利用するのは、やはり使い勝手がいいからだろう。

比較的小さなプロジェクトでも融資が受けやすく、審査も柔軟で通りやすい。大企業ほどの信用がなくても、まとまったお金を素早く借りることができるのである。

もちろん、返済能力があるかどうかはしっかりとチェックされるが、銀行のような理不尽な貸し渋りに泣かされることもない。

今後もっとソーシャルレンディングが広まれば、欧米に比べて起業しにくいといわれる日本も変わっていくのかもしれない。

2
あの会社は
“サバイバル時代”を
どう生き延びるのか

人気サイクリングツアー最大の魅力は「何気ない日常」!?

観光産業は地方創生の手段としても重視されているが、一方で、増え続ける外国人旅行者を呼び込めるかどうかが大きなカギになっている。２０１６年の訪日外国人は約２４００万人だったが、翌年には約２８００万人に増えており、東京オリンピックに向けて増加傾向にある。

そんな好況を受けて各地ではいろいろな試みがなされているが、ここ数年、岐阜県の飛騨古川が注目を集めている。

飛騨市といえば、アニメの聖地を思い浮かべる人もいるだろう。２０１６年に大ヒットした映画『君の名は。』では、このあたりの風景がイメージとして使われた。

ただ、飛騨古川のウリはそれだけではない。ここで実施しているサイクリングツアーの人気が高まっているのだ。

通常のコースは、短時間で回るハーフ（4700円）と、サイクリングとハイキングを楽しむスタンダート（7300円）の2つ。そのほか、開催日限定の特別コースもある。

静かな農村や古民家など里山の風景も美しいのだが、このツアーの最大の目玉はそこに暮らす普通の人々の暮らしを体感することにある。

たとえば、ガイドは田園を眺めながら米の作り方や食べ方を説明する。日本人から見ればかなり地味な観光だが、地元の人たちの日々の暮らしにちょっとお邪魔する感覚が旅慣れた外国人には大いにウケているのだ。

事実、ツアー参加者の半分以上は外国人旅行者が占め、世界最大の旅行口コミサイトであるトリップアドバイザーでも高い評価を得ている。

ツアーの仕掛け人によれば、これからの観光は文化や資源といった付加価値をつけてやることが大事だという。

客の数が増えれば飲食店や宿が潤ったり、地元の特産品も売れるようになる。

観光産業のみならず、地域全体が活性化する可能性も大いにあるだろう。

ちなみに、ツアーのガイドは大半が移住者というところが面白い。都会でなくても発想しだいで人や金が集まってくるのである。

AIがもたらす自動車業界激変の〝未来図〟

２０１７年、東南アジアの新車市場は数年ぶりに高水準となり、日系メーカーの新車の販売代数は前年に比べて5％上昇した。しかし、自動車業界はこれまでと同じように販売台数を競うだけではやってはいけない大変革を迫られている。

そんな自動車業界を取り巻く環境を一変させたのが、自動運転の登場だ。もちろん自動車メーカー自身も研究は行っていたものの、それを尻目に自動運転を前面に打ち出して話題をさらったのはなんとＩＴ企業だった。

自動車とは無縁の企業が新たな、そして強力なライバルとなったのである。こ

タッグを組む自動車メーカーとＩＴ企業

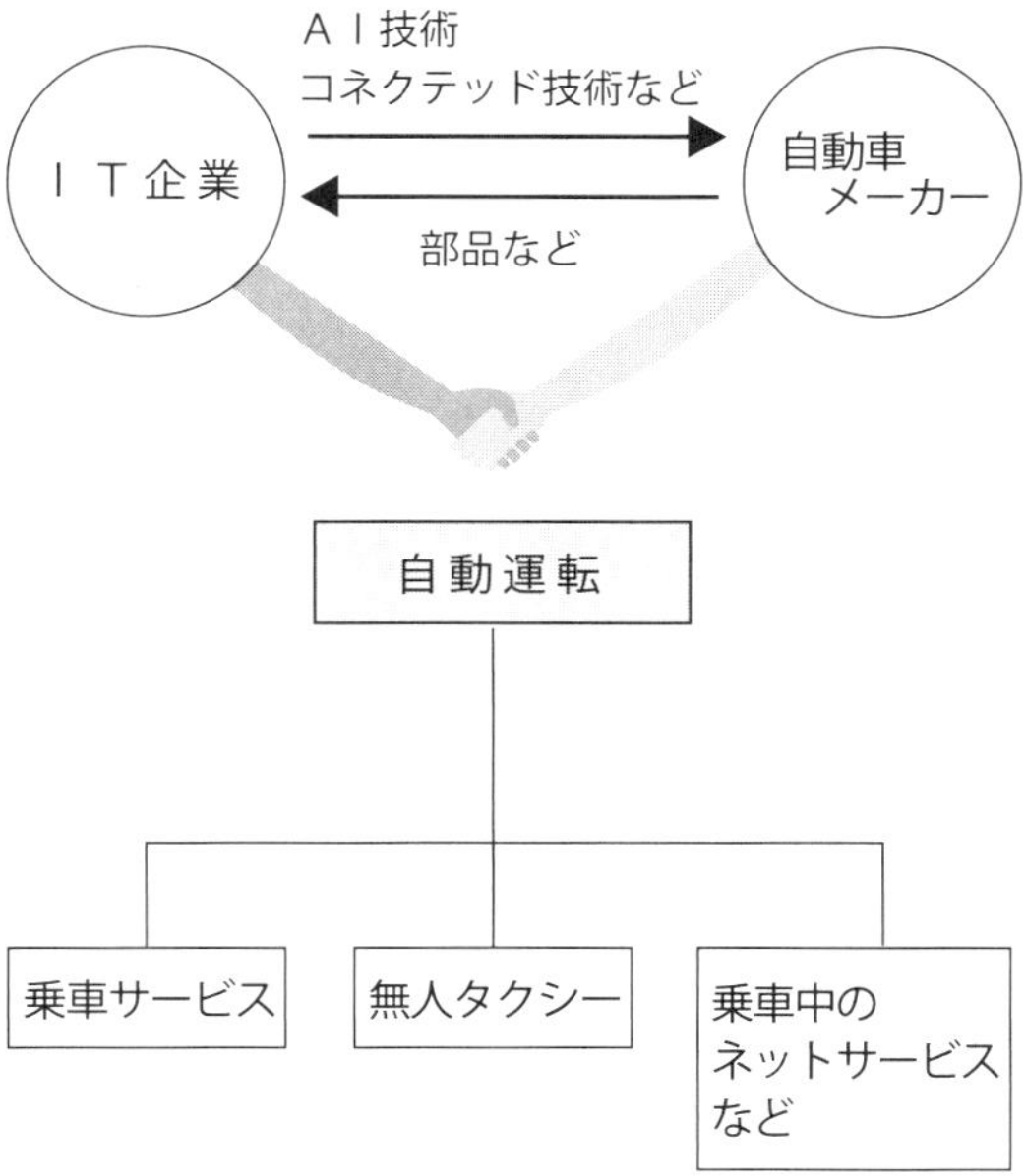

れをきっかけとして、自動車メーカーもいっせいに自動運転へとかじを切らざるを得なくなった。

現在も衝突時の被害の程度を軽減したり、前を走る車と速度を合わせる機能などがあるが、運転手がハンドルから手を放して走行することは認められていない。自動運転が目指すのは、無人でも走れる自動車だ。

2018年1月にアメリカのラスベガスで開かれた技術見本市では、ロボットカーが客を運び、商品を配達する〝未来図〟が紹介された。

また、ラスベガスでは実際に無人バスが実験走行を行っている。自動運転はさまざまな可能性を秘めているといえるのである。

だが、自動運転に欠かせないAI(人工知能)技術に関しては、圧倒的にIT企業が有利だ。自動車メーカーだけで取り組んでいては彼らにシェアを奪われてしまう危険がある。

もはや敵視している場合ではないとばかりに、自動車メーカー各社はIT企業と手を結んで開発を進めている。

たとえば、日本の最大手の自動車メーカーも韓国最大のインターネットサービス会社と協業するとしている。

また、単に製品を作るだけでなく、その先のモビリティ・サービスまで視野に入れた構想を練るメーカーも出始めている。次世代への生き残りをかけ、ライバルをもパートナーとする新たな協力関係ができつつあるのだ。

自動運転技術の実用化の先にあるビジネスチャンスとは？

現在の自動運転の進捗状況はまだ部分的な段階だが、自動車メーカー各社は2020年までに完全な自動運転の実用化へこぎ着けようとしのぎを削っている。

運転手がまったく運転に関与しない、さらにいうなら運転手そのものを必要としない自動車は、もはやSF世界の話ではなくなってきた。実際、シンガポールでは無人タクシーの構想が着々と進みつつある。

計画を主導しているのはタクシー会社でも自動車メーカーでもなく、東南アジア配車アプリにおける最大手の企業だ。

同社はすでにシンガポールをはじめ、東南アジア８カ国でタクシーの配車サービスやライドシェアサービスを展開している。１日あたりの利用件数は４万件に上るという。

ここで培ったノウハウを活かし、今度は無人タクシーへ手を広げようというわけだ。もっとも、無人タクシーを実用化するにあたっては、カメラやセンサーで集めた情報を総合的に分析するＡＩの技術が欠かせない。これに関しては日本のＩＴ企業と協力体制を整えた。

この会社は、東南アジアでこそ無人タクシーの勝算が大きいと考えている。東南アジアでは公共交通機関があまり発達しておらず、電車やバスを乗り継いで移動しなければならない人が多い。その点、無人タクシーは最短距離を選び、ドアツードアで目的地まで行けるからだ。

アメリカの調査会社の報告によれば、２０１６年の東南アジアにおける配車サービスの市場は、約１６５億ドルだった。それが２０２１年には２２４億ドルまで伸びる見込みだという。

この無人タクシーは２０２２年に実用化の予定だが、同社はそれより早く実現できる可能性があると意欲的だ。東南アジアの１８０都市で展開しているサービスも２０１８年には２００～２５０都市へ拡大する計画である。

ラーメン店の月額定額制で注目の「サブスクリプション」って何？

スマホの通信料や動画、音楽の配信サービス、雑誌読み放題、自動車の乗り換え放題など、毎月決まった料金で商品やサービスが利用できる「定額制」が増えている。

利用するごとに支払いをするのではなく、あらかじめ決めておいた額で一定期間の使用権を持つビジネスモデルのことを「サブスクリプション」というのだが、このような形態はさまざまな業種に広がっている。

契約期間内であればバージョンアップもできるし、メンテナンスとサポートもついているので常に最新のサービスを受けることができる。ソフトウエア業界なども、パッケージ版からサブスクリプションへ移行することで売り上げを伸ばしているのだ。

そんななか、〝飲食業界の革命〟として注目されているのが、ラーメンのサブスクリプションである。

これは、とあるラーメンチェーンが2017年11月に始めたサービスで、スマホでアプリをダウンロードし、8600円（税抜き）で月額サービスを購入すれば、その店の3種類のラーメンの中から毎日1杯、食べられるというものだ。

仮に1カ月間、毎日通って現金で支払って食べたとすると2万4000円にもなる。その点、前もってラーメンの〝定期券〟を買うと支払い額は約3分の1になるから、店側からすれば出血覚悟の大サービスだ。

しかし、ラーメンの原価率はおよそ3割なので、客に毎日食べられても原価割れはしないのである。しかも、このサービスが業界初であることもあってネットやテレビなどで取り上げられ、宣伝効果は抜群なのだ。関係者は「十分にもとが取れる」と自信満々である。

ちなみに、サブスクリプション型のサービスはカフェなどにも広がっている。ラーメンにしてもカフェにしてもキーワードは客の「お得感」で、儲かるかどうかはそれが継続されるかどうかにかかっているといえそうだ。

急成長の「シェアリング事業」の目のつけどころとは？

かつて自動車は「所有するもの」だった。しかし、最近は「利用するもの」へと消費者の意識が変化している。その背景にあるのはライドシェア（相乗りサービス）の普及だ。

ライドシェアは２００９年にアメリカのＩＴ企業が始め、世界各地にたちまち広まった。ライドシェア最大手となったこの会社では、1日の利用者が1000万人を超えるほどである。

ライドシェア企業は、車両もドライバーも持っていない。登録した一般人が愛車を使って客を運ぶしくみとなっている。

運転者はアプリに自分の情報を打ち込むと、その位置が地図上に示される。そして利用者は別のアプリで自分の位置を確認し、目的地を指定して車が来るのを待てばいいだけだ。

このようにスマートフォンを介したネットワーク・システムは、IT企業が得意とする分野である。今はまだ人が運転しているものの、先に挙げた企業は自動運転車への切り替えを目指している。

こうしたシェアリング市場は今後ますます拡大する見込みだ。ボストン・コンサルティング・グループは、シェアリング・自動運転・電気自動車など新しい分野で自動車業界の利益が2035年には3800億ドルになると予想している。2017年と比べると7割増しになる計算だ。

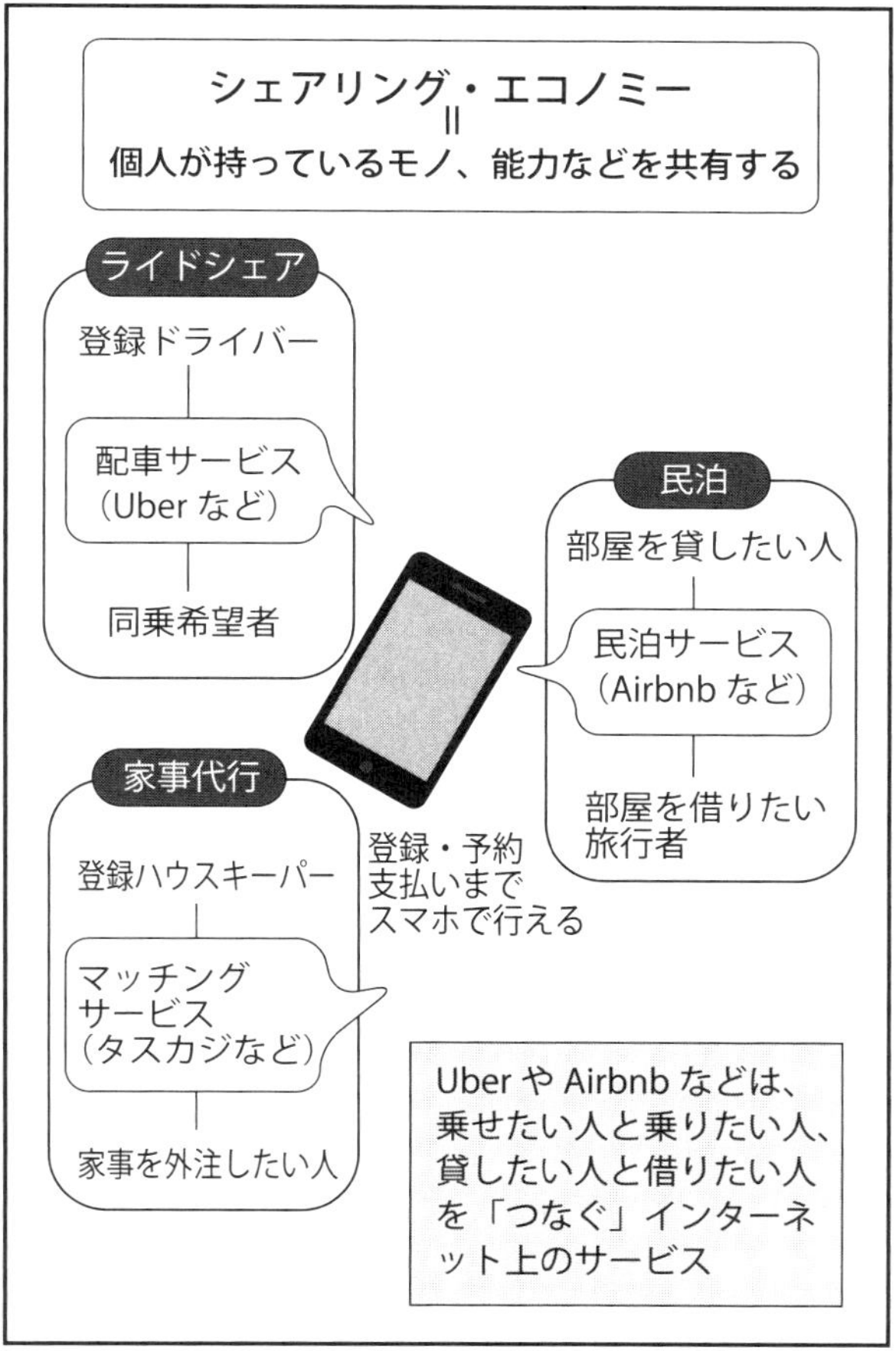
シェアリング・エコノミー
＝
個人が持っているモノ、能力などを共有する
ライドシェア
登録ドライバー
配車サービス（Uber など）
同乗希望者
民泊
部屋を貸したい人
民泊サービス（Airbnb など）
部屋を借りたい旅行者
家事代行
登録ハウスキーパー
マッチングサービス（タスカジなど）
家事を外注したい人
登録・予約支払いまでスマホで行える
Uber や Airbnb などは、乗せたい人と乗りたい人、貸したい人と借りたい人を「つなぐ」インターネット上のサービス

なかでも、シェアリングは全体の20％を占めるとされ、新車の販売を上回るビジネスに発展しそうな勢いである。

ところが、この状況に危機感を覚えたのが自動車製造メーカーだ。シェアリングが増えれば、マイカーの需要が落ち込む恐れがある。そこで、ライドシェアやカーシェアリングなどを行う企業と連携し、シェアリング事業にも力を入れ始めている。

〝ポスト・スマホ〟で
ＩＴ企業が見据える次の一手

アメリカの大手ＩＴ企業における２０１７年の決算報告では、プラットフォーマー（基盤提供者）として君臨する４社が好調に業績を伸ばした。

こうしたＩＴ企業の成長は、スマートフォンの普及に支えられていたといっても過言ではない。スマートフォン本体の販売、ネット検索や通販、ＳＮＳといったジャンルで膨大なユーザーを獲得し、そこから得た情報を元に広告事業などで高い収益をものにしてきたのである。

ところが、０・１％とごくわずかではあるものの、２０１７年はスマートフォンの販売台数が減少した。もっとも、販売がスタートした当初に比べると近年は成長が鈍くなっているということだ。

価格につり合うほど斬新な機能の進化が見られないせいか、消費者がそうそう飛びつかなくなったのである。

さらに、スマートフォン市場では中国系の企業に押されぎみだ。数年前はトップ2社でシェアの半分くらいを占めていたのだが、10ポイント以上も数字が落ちた。そのため、ポスト・スマートフォンをめぐり、市場の争奪戦が激しくなっているのだ。

たとえば、ＡＩの開発もそのひとつだ。

スマートスピーカーと呼ばれるＡＩを搭載したスピーカーは、音声に反応して必要な情報を提供してくれる。２０１４年に発売された最初の機種は2万以上のスキルを備え、いまだに品薄状態だという。

その後は他社も次々と追随し、個人の声を聞き分ける機能がついたファミリーで使える機種もある。

また、ネット検索やＳＮＳを手がけていた企業が、自社でのネット通販に手を広げたりもしている。動画コンテンツでもユーザーを奪い合っている状態だ。

スマートフォンの次を狙った争いはそれぞれの領域を超え、今後もますます激化していきそうな模様である。

ＡＩ技術を駆使した“無人コンビニ”に勝算はあるか

２０１８年1月22日、アメリカのシアトルにこれまでの常識を覆すような無人のコンビニがオープンした。

無人というと自販機を思い浮かべるかもしれないが、棚にはほかの店と同じように飲料水やサンドイッチ、総菜などが並ぶ。しかし、客は自分の欲しい商品を棚から取って持ち帰るだけでよく、店内にはレジすらない。

ここは最新のＡＩ技術を駆使したコンビニなのだ。手がけたのはネット通販で有名なＩＴ企業である。同社はＡＩの開発に力を入れており、スマートスピーカーも他社に先駆けて発売した実績がある。

客はスマートフォンに専用アプリをダウンロードし、それを入口のゲートにかざすと入店できる。棚から商品を取り出すとアプリ内の買い物カゴに記録され、支払いまで済んでしまう。

どの商品を選んだかは、店内に設置された膨大なセンサーやカメラがすべてチェックしているのだ。いったん取り出した商品を棚へ戻した場合はカゴから削除され、課金されない仕組みになっている。

オープン初日は話題性もあり、多くの人が集まった。ただ、レジを通さないでいいため、１００人くらいの列ができても待ち時間は10～15分程度で、忙しいビジネスパーソンには好評だった。小さな子どもを持つ母親にしても、買い物の時間が短縮されることは助かるという。

ＡＩが人間の仕事を代替できることは、人件費の削減や人手不足の解消にもつながる。とはいえ、一方で雇用を脅かすと懸念する声もある。アメリカでレジ打ちの仕事についている人は約３５０万人ともいわれ、彼らの仕事が奪われかねないからである。

また、ネット通販では客の好みや購入傾向を把握し、お勧めの商品が案内されるが、そのノウハウを活かし、今後は客のニーズに合わせた個性的な品揃えに変わってくるかもしれない。一般的な商品をまんべんなくそろえるより、無駄も少なくて合理的だ。

もっとも、この無人化はまだスタートしたばかりで、これが成功するかどうかは未知数の部分が大きい。

ちなみに、今のところアメリカ国内での展開を考えているそうだが、日本に進出してくるとなれば、既存のコンビニやスーパーにとっては強敵になる可能性を秘めているといえるだろう。

お金とビジネスから読み解く
“インスタ映え”ブーム

デジタルカメラの国内メーカーは長らく不振にあえいできた。原因はご存知のとおり、スマートフォンの普及だ。スマートフォンがあればわざわざデジカメを持つ必要はなくなり、ここ数年は出荷台数の市場規模が5分の1まで落ち込んでいる。

ところが、2017年は前年比3・3%アップの約2498万台と、7年ぶりに出荷台数が上昇した。出荷額も11・6%増えて7928億円となり、こちらも5年ぶりの増加だった。

デジカメ業界に追い風を吹かせたものは、流行語にもなった「インスタ映え」である。

インスタグラムやSNSに投稿した写真の出来栄えがよければ、今や世界中で話題になる。もっときれいに、もっとおいしそうに、あるいはさらに魅力的に撮影したいという欲求が高まり、ユーザーの目が再びデジカメに向けられたのだ。

かつては1万〜2万円台と廉価をウリにしてきたメーカー各社は、ここで戦略を変更した。デジカメの性能がいかにいいかをアピールし、スマートフォンとの差を強調したのである。

高画質や高倍率の望遠レンズはもちろん、肌が美しく撮影できるという個性的な機能を備えた商品もヒットした。

売れ筋はレンズが一体となったコンパクトタイプで、2017年は1330万台を売り上げた。前年と比べると、5・7％の増加である。

一方、レンズを交換する本格タイプは微増に留まった。それでも、オートフォーカスや連写といった技術面での大幅な向上があり、カメラ愛好家は買い替え気分を刺激されたようだ。

商品によっては予想外に好調で品薄状態が続いたり、売上高が前年より4割増しになった会社も出てきている。

「餃子のまち」宇都宮に学ぶビジネス戦略の心得

餃子の〝覇権争い〟といえば宇都宮市VS浜松市の戦いが長らく続いているが、総務省が行った家計調査によれば、2017年に栃木県の宇都宮市では1世帯（2人以上）あたりの餃子の購入額が4258円だった。対する静岡県浜松市の3582円に676円の差をつけ、4年ぶりにトップに返り咲いたのだ。

15年間1位を維持してきた宇都宮市は、2011年に浜松市にその座を奪われた。13年には一度トップを奪還したものの、それ以降は2位に甘んじてきたのである。

じつは、1位を明け渡してからは観光客も減り、市内には沈滞ムードが漂っていた。そんな宇都宮市が王座に復活できたのは、官民が一体となって地味な努力を積み重ねた結果だといっていい。

80店舗が加盟する「宇都宮餃子会」は、宇都宮餃子祭りなどのイベントを主催し、ネットで情報を発信した。市内で行っていた宇都宮餃子祭りを横浜や東京などほかの都市でも開催している。

また、市は2016年の「全国餃子サミット」を宇都宮で行うよう働きかけた。地元の新聞社は「宇都宮餃子消費量日本一奪還プロジェクト」と銘打ったユニークな企画を立ち上げ、広告や店頭キャラバン、イベントといった側面から宇都宮餃子の持つ魅力をアピールした。

スーパーマーケットの目立つ場所に専門店の餃子を置くという、小売店と飲食店の連携も見られた。

こうした地道な努力が功を奏したのだろう。2016年に市が行った動態調査では、観光客の6割以上が餃子を食べる目的で訪れたと回答したという。

しかも、9割以上が宇都宮を「餃子のまち」というイメージでとらえていたのだ。この意識は市民にも根づき、購買意欲が高まったと見られている。

市長は「順位に一喜一憂はしないが、市民と積み重ねてきた街づくりの賜物」

だと満足げだ。２０１８年には宇都宮を舞台にした『キスできる餃子』の公開も控えており、さらに映画と連動したイベントも予定されている。

ちなみに、納豆といえば水戸をイメージする人も多いと思うが、２０１７年は3位だった。納豆販売を促進する取り組みは行っていたものの、今ひとつ結果に結びつかなかったらしい。

宇都宮の餃子作戦ではないが、水戸市は日本一奪還を目指すべく推進活動にいっそう力を入れていくとコメントしている。

「民泊法」の施行を　ビジネス目線で読むとこうなる

２０２０年には東京オリンピックが開催されるが、さらに増加するであろう観光客を狙って今はホテルの建設ラッシュが続いている。東京や大阪など主要8都市では約8万室が増える見込みだという。

以前は宿泊場所の不足が懸念されていたが、最近では一転して供給過多になるのではないかとも予測されている。部屋数が増えただけでなく、民泊という新たなライバルが登場したからだ。

ホテルは設備が整い、行き届いたサービスを受けられる反面、料金が高い。そのため、もっとリーズナブルな民泊に客が流れていく可能性があるのだ。

世界的に見ても民泊は急速に普及している。アメリカを例にとれば、２０１０年の民泊利用者は全体の８％だったのに、わずか4年で25％に上昇した。

それに伴い急成長しているのが民泊仲介業者である。個人宅の空き部屋を提供するスタイルなので、多くは代行業者に運営を任せているのだ。民泊仲介で最大手のアメリカ企業は、１９０カ国で約４５０万件もの物件を扱っている。

この企業はすでに日本で６万件を越える物件と提携しているが、民泊の本格的な解禁に向けていっそう事業を拡大する予定だ。

その一端として、法事や法要に僧侶を手配するサービスを行う日本企業と手を組んだ。これは寺を民泊に使う計画で、座禅や写経など寺ならではの体験も考えているという。檀家が減りつつある今、寺側にとっても民泊はメリットがあるのだ。

２０１７年の訪日外国人は２８６９万人で、過去最高を記録した。政府は２０２０年までにこの数を４０００万人にすることを目標としている。しかも、日本では２０１８年６月に住宅宿泊事業法（民泊法）が施行される。

ますます需要が高まりそうなこの分野に目をつけ、仲介や運営といった民泊関連事業に日本のＩＴや不動産の大手企業も次々と参入を表明している。

会社が生き残るために必要な「キャッシュの法則」

ビジネスで気になるのは何といっても資金繰りのことだ。

黒字だからといって安心しきっていると、資金が入り用になった時にキャッシュの都合がつかずにまさかの倒産ということもある。資金の流れ（キャッシュフロー）だけはしっかりと把握しておいたほうがいいのだ。

なかでも、大切なのがキャッシュの額だ。キャッシュとは「現金」と、いつでも現金に換えられる「普通預金」「当座預金」の合計のことをいう。有価証券や自由に解約できない定期預金などはキャッシュとみなさない。

少々古いが、２００８年に起きたリーマン・ショックでは上場企業が次々と倒産した。同年度の倒産件数は45件にものぼったが、そのうちいわゆる「黒字倒産」は21件もあった。

決算書の上では利益を出して業績は好調だったはずなのに、なぜ倒産してしまったのか。

これらの黒字倒産をした企業はリーマン・ショックの影響で資金の流れが滞り、仕入れ代金などの支払いと売った代金の回収にタイムラグが生じて、支払手形の決済ができなくなってしまったのである。

たとえば、１０００万円で仕入れたものを１２００万円で売って２００万円の儲けを出そうとする。１０００万円で仕入れた在庫の商品は決算書では資産とし

儲かっている会社が陥る黒字倒産とは

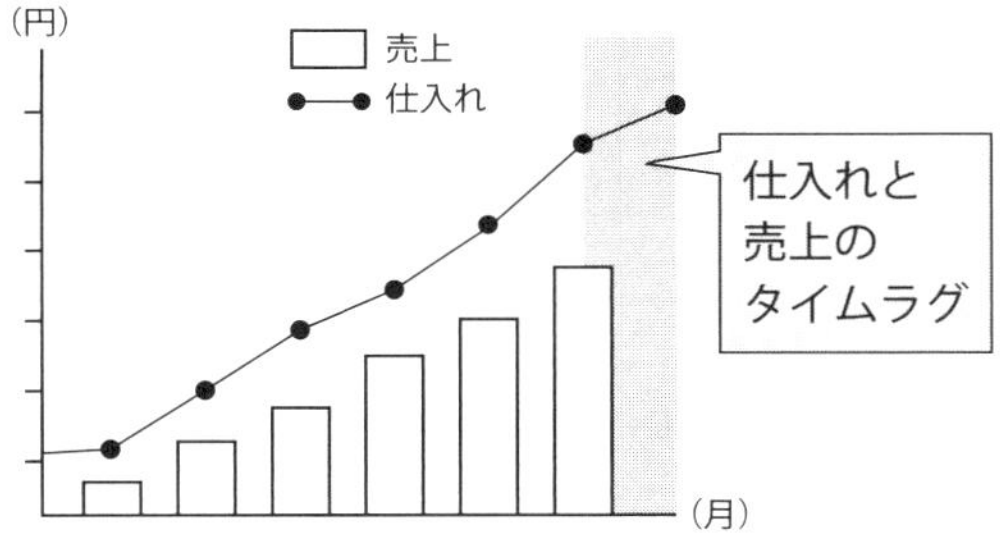

売上が伸びているため、仕入れを大量に行う

↓

仕入れ（出金）から売上げ（入金）までの間にタイムラグが生じるので手元のキャッシュがなくなる

↓

人件費や家賃が支払えない

信用がダウン

取引先への支払いが遅れる

↓

利益はあるのにキャッシュがないため倒産

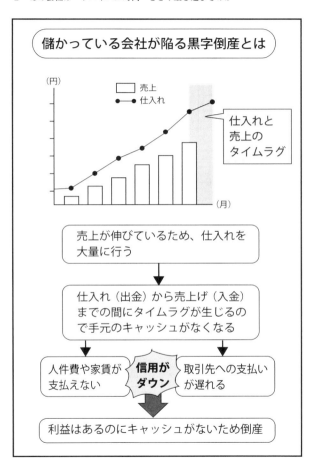

て現金を持っているのと同じ扱いになるが、これが実際に売れて売り上げにつながらなければ現金にはならない。

だが多くの場合、納品しても売上金が入金されるのは先だ。1カ月後や2カ月後ならばまだマシだが、手形になると半年先ということもある。しかし、商品の売上代金を受け取る前に仕入れ代金を取引先に支払わなければならない場合もある。この時にキャッシュが手元になくて支払いができないと倒産することもある。

ある不動産会社では、取得したもののまだ開発していない土地を在庫としてリーマン・ショックの時に大量に抱えていた。しかも、それまでは積極的に融資してくれていた金融機関が急に貸し渋り、そのため開発に着手できず、資金繰りが急激に悪化してしまったという。

急場をしのいで土地の価格を大幅に値下げして売却し、手にした現金を銀行への返済にあててなんとか倒産だけは免れたが、いつ潰れてもおかしくない状態だったというのだ。

これを機に、在庫がたくさんあってもキャッシュがないという状態は、倒産リスクが高いと改めて気づいたそうだ。この会社は無借金経営の重要さを認識し、今では業績も回復している。

ちなみに、キャッシュは月商の2〜3カ月分あるのが理想的だ。そのキャッシュさえあれば、取引先が倒産して急に売上げ代金を回収できなくなっても、すぐに倒産ということにはならない。しばらく持ちこたえられれば資金繰りのメドをつけることもできる。

企業が生き残れるかどうかは、まさしくキャッシュの有無にかかっているのである。

企業のメルマガ配信の裏にある“損得勘定”とは？

今や多くの企業が配信しているのが、いわゆる「メルマガ」である。メールマガジンの略で、メールアドレスを登録した読者に対して企業が電子メールで自社製品の情報や専門分野のコラムなどを無料で継続的に送るというサービスだ。

しかし、メルマガを読んだところで、すぐにその企業の製品を買ったりサービスを利用したりする読者はそれほど多くない。企業側は無料で情報を提供し続けることにメリットがあるのだろうか。

じつは、こうした無料メルマガは「リスト収集」や「ブランド構築」などに大いに役立っているのだ。

たとえば、あるコンサルタント会社では、創業間もない頃から数種類のメルマガを配信したりサイトの運営を行って情報を発信し続けている。

もちろん、コンサルタント会社なので〝製品〟の購買に直接結びつく情報を流すわけではない。

逆に経営全般にかかわる自社が持っている知識やノウハウを無料で提供するので、一見すると無償奉仕ようにも思える行動である。

だが、消費者をメルマガに登録させることで、関連企業の事業内容に関心の高い人たちのリスト収集を効率的にできる。

また、読者に有益な情報や楽しい読み物を提供し続けることで、企業のブランドイメージをアップさせることもできるのだ。

こうした努力を続けることで、やがて無料でメルマガを読んでいる人の中から一定数が購買行動に出る。

このコンサルタント会社の場合、毎週1回コツコツとメルマガ配信を行った結果、ある時期から急激に問い合わせが増えたそうだ。しかも、関心度の高い上質な顧客からの問い合わせが多かったという。

つまり、企業はこうした一定数の「未来の顧客」のために無料メルマガに力を注いでいるのである。

しかも、メルマガ制作には多少のコストや労力はかかるものの、ほかの媒体に比べると広告宣伝費はほとんどかからない。

将来の売り上げアップのためには最小の努力で最大の効果を得る、じつに効率的な手法というわけだ。

新しいビジネスのキーワードは、「自宅でやる」⁉

日本ではこれまで家庭の「外」でサービスを提供するビジネスが急激に伸びてきた。外食産業はいうまでもないし、昔は自宅で執り行っていた「葬儀」を葬儀式場でするようになったのもそのひとつだろう。

マンションや狭小住宅が増えて昔とは住宅事情が異なってきたこともあり、今では寺院や寺院が持つ葬儀式場、民間の葬儀社が運営する専門のセレモニーホールなどで葬儀を執り行うことのほうが当たり前になっている。

ところが、最近ではその流れが変わってきている。先祖返りではないが、昔のように自宅で葬儀をする「自宅葬」が注目されてきているのだ。

民間や公営の葬儀場だと同じ日に何件も葬儀があるので自分の都合で行えない、慣れ親しんだ自宅で身近な人たちだけでシンプルな葬儀をしたい、葬儀式場を借りると費用がかさむので費用を抑えるためにも自宅で小規模な葬儀を行いたい…という要望が増えてきたことに対応する流れで、日本では初となる自宅葬専門の葬儀社も誕生している。

費用面もわかりやすい。宗教的な儀式をせずに火葬のみのシンプルプランなら25万円、家族や親族で仏式や神式、キリスト教式などの宗教儀式を執り行うスタンダードプランが85万円などだ。

自分の最期を自分でプロデュースする「終活」で、あらかじめ費用面も含めて自分の葬儀をどうしたいか決めておく人も増えているので、今後もビジネスとして伸びていく分野になると考えられる。

同じように、結婚式を自宅で行うマイホームウェディングが注目されている。結婚式も昔は自宅の広間などで親戚を呼んで執り行っていたのが、今ではホテルや結婚式場でのウェディングが主流になっている。

それが最近では自分たちらしい結婚式を自宅で行いたいというカップルが増えていて、自宅での挙式・披露宴をプロデュースする会社もある。

葬儀も結婚式もシンプルで少人数、自分たちらしいスタイルを望む声が増加していることで外から家の中へとニーズが変化し、そこにいち早く取り組んだ企業が注目を浴びているのである。

寺離れの時代だからこそ誕生したニュービジネスの仕組み

離檀など最近は寺離れが深刻化している。先祖代々の墓を菩提寺から引き払って葬儀会社が運営する霊園に移したり、墓じまいしたりする人も少なくない。

一方、そんな寺離れの傾向に着目し、ビジネスチャンスを見出している企業もある。

たとえば、葬儀の仲介などを手がけるベンチャー企業は、葬儀や法事・法要にお坊さんを定額料金で手配するサービスで世の中の注目を集めた。

価格は全国一律で、３万５０００円からだ。寺との関わりがなく僧侶をどうやって手配したらいいかわからない、お布施は高そうで費用が心配だ、今後檀家になるのは面倒だと考えている人からのニーズに応えたサービスである。

このサービスをインターネット大手の通販に出店したところ仏教界からの反発を招いたが、逆に話題になったことで利用者からは問い合わせや注文が急増したという。

また、お寺で婚活をする「寺コン」も人気を集めている。僧侶が運営する婚活組織が始めたもので、寺に縁の薄い30代や40代の男女に寺への親しみを持ってもらうきっかけになればと社会貢献を目的としてスタートした。

この寺コンが人気を集めたことで、婚活サービスを展開している企業が同じように寺コンを企画・実施したところ、毎回キャンセル待ちが出るほど好評だという。

参加者は座禅や写経などの体験をしたあとでフリートークをし、気になる相手を探す。寺という場所柄もあってか、真面目な人たちが参加しているのではというイメージも人気の理由だ。

ふだんは寺と縁の少ない世代なだけに、通常の婚活にはない仏教体験を通して精神的にも充足感を得ることができ、相手の内面にも触れられるのではないかという期待感があるのだ。

同じような理由で、現役の僧侶が経営しているバーも人気になっている。一杯呑みながら目の前のお坊さんに悩み相談に乗ってもらえる気軽さがウケているのだという。

寺離れが加速している今だからこそ、寺の存在を必要としている人の需要があったわけで、意外にもそこにビジネスチャンスが眠っていたわけである。

3
その道のプロが見つけた「ビジネスチャンス」の法則

牛丼、アイス…「無料」がもたらす集客力のインパクトの法則

牛丼チェーンと、携帯電話などを取り扱う通信事業会社がタッグを組んだ「牛丼1杯無料」のサービスに毎回大行列ができている。

これはある大手通信事業者が展開する「SUPER FRIDAY（スーパーフライデー）」キャンペーンの一環だ。その事業者のスマホユーザー限定で、大手牛丼チェーンの牛丼並盛（税込380円）が1杯無料でもらえるクーポンをスマホのメールに配布。指定された月の毎週金曜日限定で使えるというものである。

このキャンペーンは以前にも実施されたが、当時も店舗の周辺では大行列や交通渋滞が起きたりした。その人気のキャンペーンを2018年に入って再び実施したものだ。

無料とはなんとも大盤振るまいだが、それだけの効果があるのだろうか。

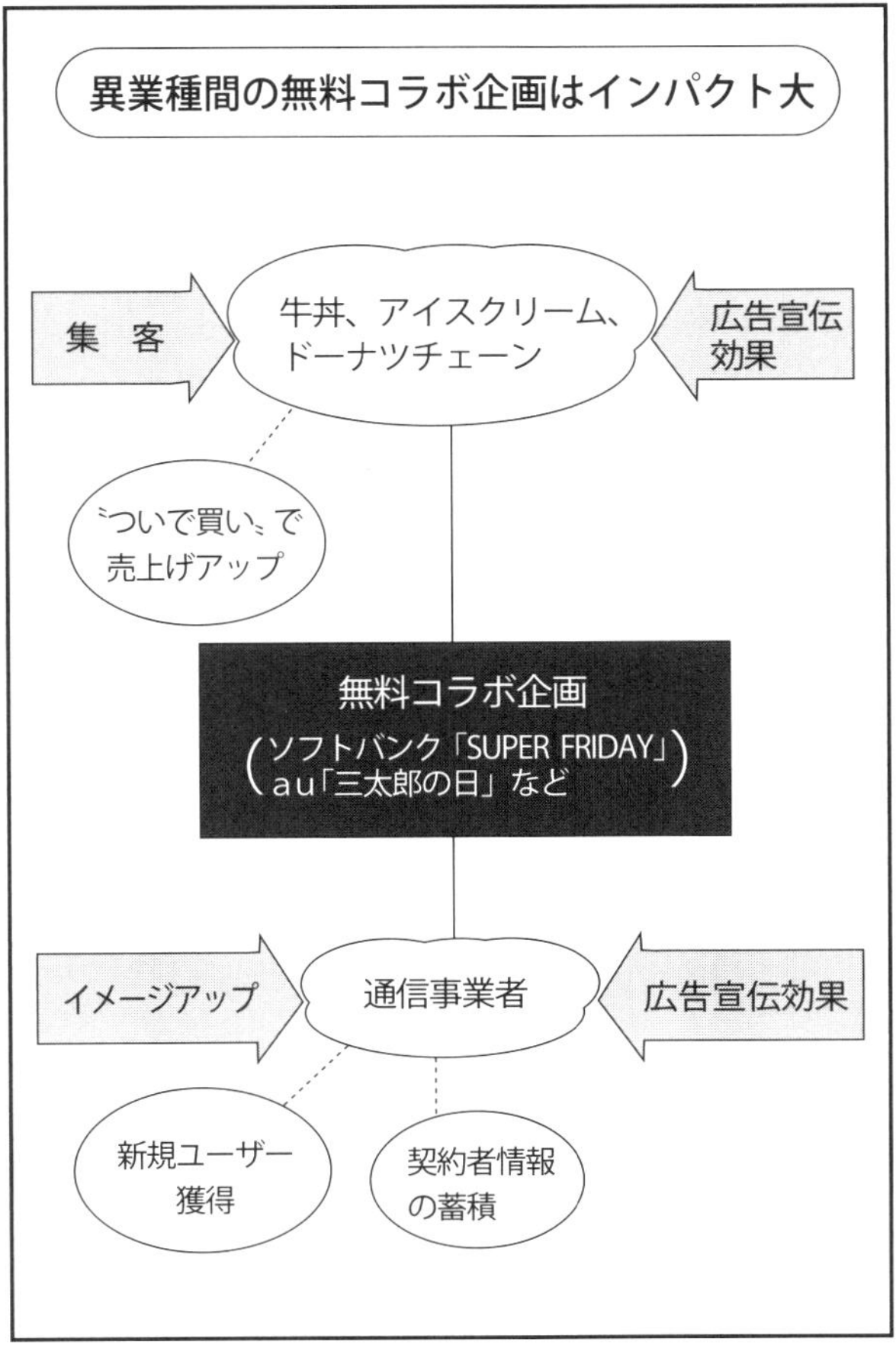
異業種間の無料コラボ企画はインパクト大
集　客
牛丼、アイスクリーム、
ドーナツチェーン
広告宣伝
効果
〝ついで買い〟で
売上げアップ
無料コラボ企画
（ソフトバンク「SUPER FRIDAY」
au「三太郎の日」など）
イメージアップ
通信事業者
広告宣伝効果
新規ユーザー
獲得
契約者情報
の蓄積

以前にこのキャンペーンを実施した場合をみると、牛丼チェーン側のその月の売上高、客の数はともに前月に比べてアップしている。

無料という謳い文句の影響で客単価は一時的に下がったものの、無料キャンペーンが終了した翌月も売上高、客足ともに微増していてキャンペーンの効果が続いたことがわかる。

メディアなどで「無料の牛丼を目当てにこんなに大行列が！」と取り上げられることの広告宣伝効果は計り知れない。たとえ牛丼1杯にかかる原価を負担したとしても、高い広告宣伝費をかけずに大々的に店や商品をアピールできるわけである。

しかも、通常のテレビコマーシャルなどと比べると、実際に店舗に足を運んで牛丼を味わってもらえる可能性は高い。

最近は牛丼店から足が遠のいていたという人や、今まで牛丼店に足を踏み入れたことがないという人を来店させるにはもってこいの手法なのだ。キャンペーンが終了しても「また食べに行こう」とリピーターを獲得することにもつながるという。

一方、通信事業者側の広告宣伝効果もバッチリだ。ユーザーサービスになるのはもちろん、新規ユーザー獲得のためのイメージアップにもつながる。

同キャンペーンは牛丼チェーンだけでなく、アイスクリームチェーンやドーナツチェーンでも実施していて、通信事業者側も飲食店側も「無料」の力が発揮する恩恵に浴しているわけだ。

言葉は悪いが、〝タダ〟に勝る集客力はないようである。

高く売ることができる！おいしい「付加価値」の付け方

競合他社との値下げ競争から脱却し「これは質のいいモノだし、サービスも一級品だから、それなりの値段で売ります」と言いたいところだが、値上げすると客足が減って売上げが下がってしまうと二の足を踏む企業は多いだろう。

では、「この商品なら他社より高額でも買いたい！」と思ってもらうにはどうしたらいいのだろうか。

重要なカギになるのは「付加価値」をつけることである。

たとえば、イチゴはさまざまなブランドが登場しており、どんどん高級化が進んでいる。なかには、1粒1万円という超高額なイチゴもある。

この1万円のイチゴは1粒のサイズが通常のイチゴよりも特大で、甘さや見ため、品質も最高級だ。話題性があるのでセレブが贈り物に利用するなど、最高級で高額だからこそニーズがある。

スーパーでは1パック500円程度で売っているイチゴだが、付加価値がつくことで消費者は高額でも納得して購入してくれるのである。

同じように、地域ブランドとしての付加価値をつけて成功しているのが愛媛県の今治《いまばり》タオルである。

10年ほど前にこのプロジェクトを始めた時には、今治という地名を読めない人も多かったという。今治では昔から上質のタオルを製造していたが、生産量は下がり続けていたのである。

そこで、この地域のタオルの特徴である白さや品質の高さを全面的に押し出し、世界に通用する地域ブランドにしようとプロジェクトが開始されたのだ。

これが見事に的中した。地域ブランドとして発足した時には今治タオル工業組合に加盟しているのはわずか３社だけだったが、今では１００社以上が加盟し、高品質なタオルの代名詞になっている。

購買意欲をくすぐるような〝価値〟をプラスすることで、消費者は高額な商品を納得して手に取ってくれるのである。

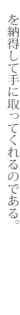

トレーニングに特化したデイサービス市場が拡大するワケ

高齢者の増加とともに拡大してきたのが、デイサービス市場である。

デイサービスとは、「通所介護」のことだ。介護職員や生活相談員、看護職員がいる施設に日帰りで通って、食事や入浴など日常生活で必要な介護や、レクリエーション、機能訓練などのサービスを受けることができる。

デイサービスは利用者の孤立や心身の衰えを防ぎ、在宅で介護する家族の負担を少なくできることからニーズが高い。

しかも、デイサービス市場は初期投資が小さくて済むため、建設業や大手電機メーカー、スーパーなど知名度の高い異業種の参入も相次いでいる。

ただ、利用者が急増したことで近年では競争も激化している。利用料は介護サービスの公定価格である介護報酬制度でほぼ横並びになるため、事業者はそれぞれ特色を出して利用者を獲得しないと倒産するケースも少なくないのだ。

そうしたなかで注目されているのが、フィットネスクラブのような雰囲気でトレーニング中心のサービスを提供するデイサービス施設である。

たとえば、32都道府県に120カ所を経営するトレーニング中心のある施設は半日型のデイサービスで、休憩や準備の時間も入れて約2時間半の筋力トレーニングや体操などに通所者が励む。

トレーニングマシンは数種類あり、高齢者にも負担にならないように考慮されている。３カ月ごとに体力測定を実施して関節や筋肉など身体の働きがよくなることを目指し、その人が介護を必要とする程度を表わした要介護度が軽くなった人も少なくない。

だが、介護報酬は要介護度が重いほど高くなるように設定されている。ということは、利用者の要介護度が軽くなると事業所の収入は減ってしまうことにもなりかねない。

じつは、２０１８年度から施行される介護保険法の改定で、食べたり歩いたりなど高齢者が日常生活で使う身体機能を高め、高齢者の「自立支援」を支援する事業所には介護報酬を手厚くする仕組みが始まる。

こうした流れのなかで、ある大手スポーツ用品メーカーは数年前から運動機能の訓練に特化したデイサービス事業を拡大。スポーツ用品開発のノウハウを生かした運動プログラムなどで利用者を増やしている。

同社では、１施設あたり年間約４０００万～５０００万円の売り上げを目指すと意気込んでいるという。

これら簡単なトレーニングやリハビリなどを行うデイサービスでは、利用者が自己負担する料金にプラスして介護給付も確実に入ってくる。利用者さえしっかりと獲得することができれば、おいしいビジネスなのである。

「顧客データ」を宝の持ち腐れにしないたったひとつの方法

消費者と直接取引を行うような業種では顧客情報を収集しやすいため、気がつけば膨大なデータを保有していることもある。

しかし、せっかく手に入れた顧客データをしっかりと分析し、その結果をマーケティングやキャンペーンなどに活かせなければ宝の持ち腐れになってしまう。

たとえば、あるスイミングスクールを運営する企業の場合、スクール生のデータを大量に持っているにもかかわらず、うまく活用できずに眠らせたままになっ

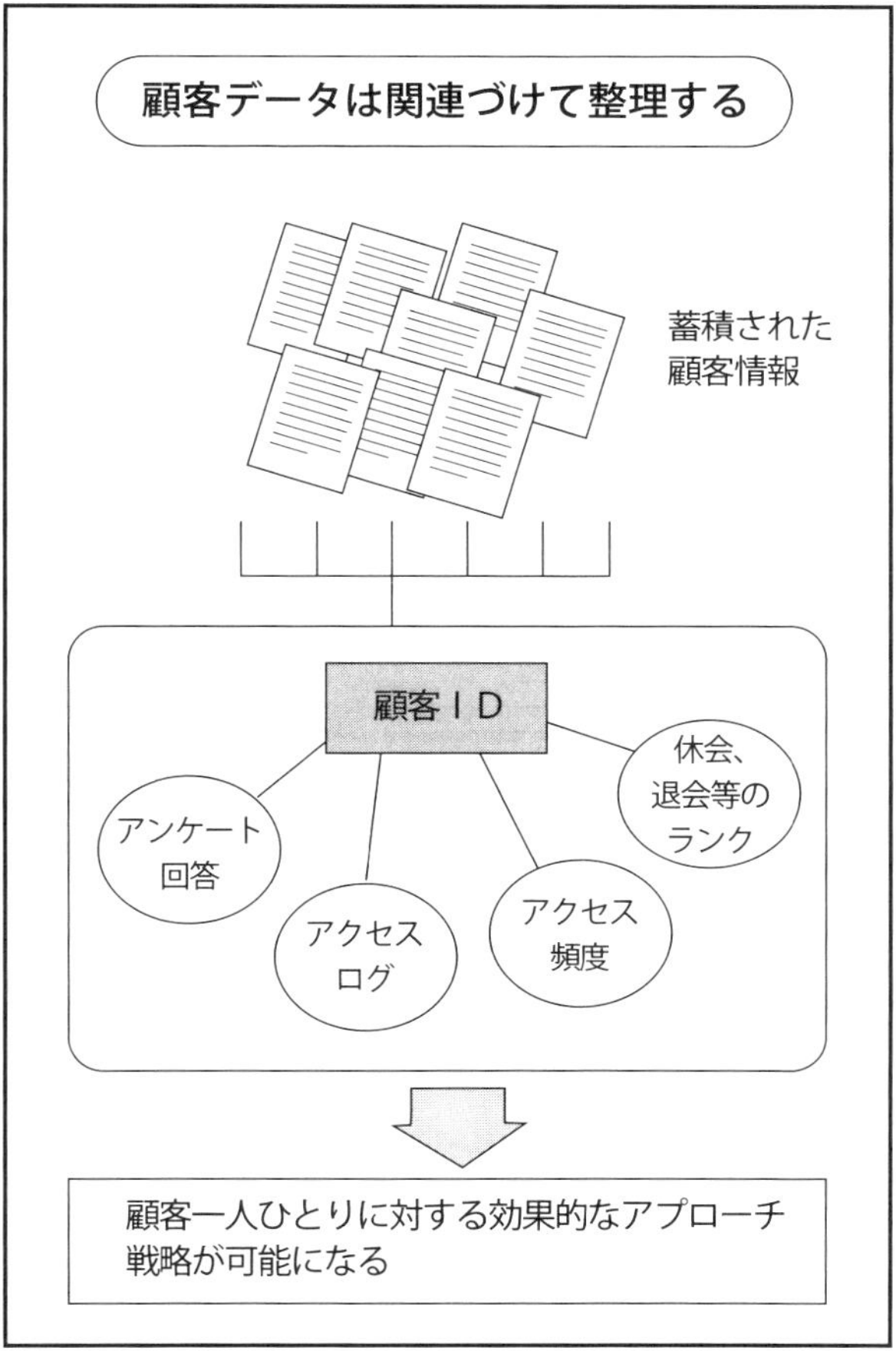
顧客データは関連づけて整理する
蓄積された
顧客情報
顧客ＩＤ
アンケート
回答
アクセス
ログ
アクセス
頻度
休会、
退会等の
ランク
顧客一人ひとりに対する効果的なアプローチ
戦略が可能になる

ていた。

そのうち、少子化の影響もあってスクール生はだんだんと減少し、2億円以上あった売上げは落ち続けて、やがて2億円を切るまでに落ち込んだ。経常利益も赤字になる年が続いてしまったという。

スタッフを総動員して子どもがいそうな家庭を1軒1軒回って飛び込み営業をしたが、慣れない営業活動にスタッフは疲弊困憊したという。しかも、そんな労力をかけてもなかなか入会してもらえず、営業戦略の効率の悪さを改めて露呈したのである。

そこで視点を変えて、改めて保有しているスクール生のデータを分析すると、幼稚園や保育園を通して入会した子どもたちが多いことが判明した。

ここがチャンスだと営業スタイルを転換し、周辺の幼稚園や保育園へのチラシ配布をメインにしてスクール生の獲得を目指したという。

幼稚園内で誰かひとりが入会すれば、その友達の親も「あの子が習うならうちの子も」と一緒に入会するケースも少なくない。結果として効率よく入会者を増やすことに成功したのである。

さらに、顧客データをより細かく分析してみると、卒園と同時にスイミングスクールを退会する子どもが多いこともわかり、小学校に入学してからも継続してもらえるような工夫やイベントを実施したという。

すると、これがまた功を奏して継続率がグンとアップし、新規開拓をするよりも少ない労力で売上げを向上させることにもつながったのだ。

顧客データを徹底的に活用した戦略的なアプローチに変更したことで、業績は一気に回復して売上げも再び2億円を超えるまでになったそうだ。

また、この事例のように顧客データを分析してピンポイントで営業していくと、不特定多数の人を勧誘するために大々的な広告を打つ必要がなくなってくる。

無駄な広告宣伝費を削減でき、経営戦略も根底から変えることができるのである。

会社の中で価値のある情報が眠ったままになっていないかどうか、手持ちのデータを改めて見直して分析してみると意外な売上げ向上のタネがあったりするものだ。

取引先の無理難題をのむ会社と断る会社、10年後に残るのは？

顧客の要望やニーズに応えるのは、企業として必要なことだ。だが、ビジネスとは難しいもので、顧客の要求に応じ過ぎても経営がうまくいかないことがある。時にはあえて「断る」ほうが、会社にとってプラスに働く場合もあるのだ。

そのいい例として挙げられるのが、ある運送会社のケースである。ご存知のとおり、物流業界はドライバー不足や競合他社との不当な価格競争が続き、苦しい状況下に置かれている。

この運送会社も顧客から「他社ではもっと安い料金で引き受けてくれる」と言われ、値引きせざるを得ない取引が続いていた。しかし、それでは採算が合わず、業績が上がるどころか経営は悪化の一途をたどってしまったのである。

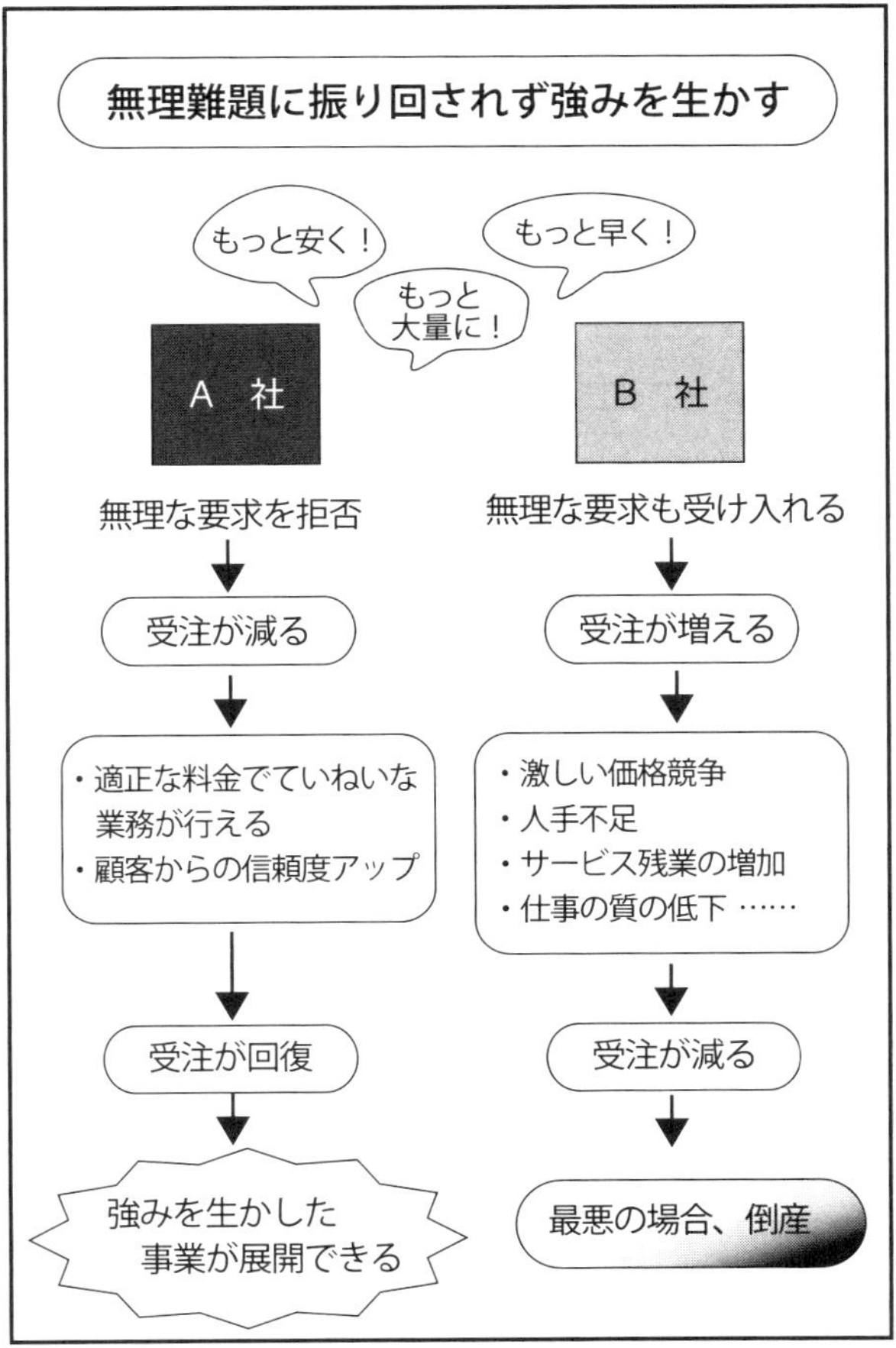
無理難題に振り回されず強みを生かす
もっと安く！
もっと大量に！
もっと早く！
A 社
B 社
無理な要求を拒否
受注が減る
・適正な料金でていねいな業務が行える
・顧客からの信頼度アップ
受注が回復
強みを生かした事業が展開できる
無理な要求も受け入れる
受注が増える
・激しい価格競争
・人手不足
・サービス残業の増加
・仕事の質の低下 ……
受注が減る
最悪の場合、倒産

このまま赤字覚悟の仕事ばかりを引き受け続ければ、ドライバーの意欲も下がって仕事も雑になる。挙句には、会社も経営の危機に瀕してしまうかもしれない…。

そこでこの運送会社では意を決し、本来の正当な値段での見積もりをやり直してみた。「もっと安くしろ」と無謀な要求をする顧客に対しては、「仕事の質を保つためには、これ以上の値下げはできません」とはっきりと断ったのである。

これにより一時的に運賃が安い運送会社に流れてしまった顧客もいたが、やがて「安いところは仕事の質が悪い。やはり少し高くても御社に頼みたい」と戻ってくる顧客も多かったという。

結果として、正当な料金を取る分、しっかりとした仕事をする運送会社として顧客から信頼を得ることになり、健全な経営を行うことで業績も回復していったのである。

似たような決断を大手の宅配業者も下している。

この宅配業者はインターネット通販大手から個人宅への配送サービスを引き受けていたが、この取引から撤退したのだ。時間指定などサービスの要求が高い一方で、その対価はきわめて低かったからだ。

そもそもこの宅配業者は、企業間取引が得意分野だった。それが個人への宅配を引き受けてしまったことで配達員の数が足りなくなり、下請けを起用して足りない分を補うなどしていたのである。

こうなると取引数量が増えた分だけ外注費が増えることになる。そこで更なる値引きを要求されたら、それこそ〝体力〟が続かないということで撤退を決意したのだ。現在では同社の原点である企業間物流に注力している。

顧客の無理難題に振り回されず、自社の強みや信念をもとに、時には断る勇気を持つことが企業の生き残りにつながるのである。

高級&高額でも支持を集める会社はどこが違うか

長くデフレが続いて世の中がすっかり「安さ」に慣れていることで、高級品や高額品は売れないと思い込んでいる企業は少なくない。

しかし、高くてもきちんと売れて利益をあげているモノはあるのだ。

そのひとつが「ひな人形」だ。ひな人形にはそもそも高額なイメージがあるが、今ではスーパーなどで2万～3万円の格安のものも販売されている。

ところが、ひな人形にはそれなりの金額を払ってでもいいものが欲しいという人が多い。さすがに近年の住宅事情では段飾りのような場所をとる大きなものは避けられがちだが、コンパクトで質のいいモノはたとえ高額でも消費者の購買意欲を刺激するのである。

それを象徴するように、あるひな人形が人気を集めている。この日本人形メーカーの特徴は、赤ちゃんの顔をイメージしてつくったオリジナルの商品だ。

人気の秘密は、その可愛いらしく優しい表情と、最高級の素材を使って職人が熟練の技で1体1体を丁寧につくっていることである。大きさもコンパクトで、顧客のニーズに合致している。

また、人形が壊れた時のアフターサービスもしっかりしていて、修理代についても顔の交換の場合は８５００円などとホームページに明確に料金を提示している。

ひな人形の料金は、お内裏様とお雛様のセットで8万～9万円代からとけっして安くはない。五段や七段のセットでは20万円を超えるシリーズもあるが、どれも人気で売り切れが続出している。予約待ちが出ているくらいなのだ。

また、ランドセルでも同じような傾向がある。激安のものはスーパーなどで1万円代からあるが、やはり高額でもいいものは人気が高い。

ある高級鞄店のランドセルは毎年売り切れが続出している。この鞄店のランドセルは一つひとつ職人による手づくりで、丈夫で美しいランドセルづくりにこだわっている。しかも、6年間のアフターサポートもつく。

料金は5万円代後半から14万円するものまであるが、毎年受付けを開始するとあっという間に予約が殺到して受付けが終了になってしまうのだ。

ひな人形にもランドセルにも共通するのは、長く使うのは上質なものを選んで、値段で妥協をしたくないという心理だ。

そうした消費者の心理をくみ取って、丁寧なものづくりを貫いている企業の商品は、たとえ高級・高額でもしっかりと売れているのである。

ネット全盛の時代にあえて〝リアル店舗〟を構える㊙戦略

自宅にいながら買い物ができるインターネット通販は、便利なこともあって近年著しく成長した市場だ。だが、そうはいっても消費者のほとんどは今もなおリアル店舗での買い物を続けている。

日常生活品でもトイレットペーパーや米などかさばって重たいものはインターネット通販で届けてもらうが、肉や魚は実際に自分の目で見て買い物をしたいという消費者も多いだろう。

また、インターネット通販は手軽とはいえ、意外と手間がかかって面倒でもある。

インターネットショップで買い物をするためには、まず登録が必要だ。アカウントを取得し、パスワードを設定し、注文フォームで住所や氏名はもちろん、メールアドレス、クレジットカードの番号などを打ち込むのにはそれなりの手間と時間がかかる。

しかも、インターネット上でのカード決済は、クレジット番号など個人情報の流出につながるのではと懸念する人も少なくない。

こうした消費者の気持ちを背景に、リアル店舗も独自の強みを活かしてあの手この手で攻勢をかけている。

たとえば、インターネット通販に押され気味の書店だが、ある書店の大型リアル店舗では書籍に精通したコンシェルジュがいたり、講演会などのイベントが開催されたりと、書店に足を運ぶのが楽しくなるような工夫がされている。

カフェが併設されている書店も増えてきており、ただ単に「買う」だけではなく、来店時のワクワク感がプラスされているのだ。

ある大型ショッピングセンターでも、昔からお馴染みの特撮ヒーローショーといったイベントの開催や、スポーツ施設やアミューズメント施設の併設など、ファミリー層はもちろんのこと、カップルや友人と来ても楽しめる店舗づくりに力を入れている。

自宅で手軽にできるネットショッピングとは正反対にわざわざ外出するリアル店舗だからこそ、楽しくて心が弾むような買い物をしてもらおうというのが販売戦略だ。

こうした「また来たい」と思わせるようなエンターテイメント性が、今後もリアル店舗が生き残っていくためには欠かせないカギになってくるにちがいない。

結婚ビジネスがいま大きく変わろうとしている理由

結婚式を挙げるためにはそれなりのお金を用意しなくてはいけない、という常識が変わろうとしている。

たとえば、ホテルや結婚式場で100人前後を招待して結婚式をしようとすれば、少なくとも300万〜400万円はかかってしまう。

両親からの援助や当日のご祝儀を当てにしても、新郎新婦自身もそれなりの自己資金を用意しなくてはならず、貯金のない若いカップルの中には「お金がないから結婚式は諦めよう」という人もいたはずだ。

近年、そんなカップルをターゲットとして、会費制の結婚式サービスを提供するベンチャー企業が注目を集めている。

この企業では「会費婚」を提唱し、新郎新婦の自己負担を軽減しつつ大勢の招待客を呼べる結婚式をプロデュースしているのだ。

料金は明朗会計で、自己負担金は5万円、8万円、25万円の3つのプランの中から選べる。この自己負担金と、参加する招待客から回収する「会費」ですべての費用をまかなえるようにする結婚式である。

5万円のスタンダードプランには料理や飲み物をはじめ、会場での人前式、ウエディングケーキや招待状、席次表、芳名帳、ウェルカムボード、ブーケやヘアメイク、司会、カメラマン、介添え、招待客に配るプチギフトなどがひと通り含まれる。

また、その上の25万円のプレミアムプランには、5万円の内容にプラスしてウェディングドレスとタキシードが含まれる。

招待客の会費はたいてい1万5000円から2万円に設定される。通常の結婚式のご祝儀の相場が3万円ほどであることを考えると、招待客の財布にも優しい設定だ。

また、ホテルなどでは結婚式の料金を前もって支払うところも多いが、この会費婚では自己負担金だけ前払いして、あとは会費を集金してからの後払いでいい。

結婚式は挙げたいけど資金がないというカップルの不安や、心配をすべてカバーしたことがこの会費婚の人気の秘密なのだ。

資金さえ何とかなれば大勢の友人や知人に祝福されて結婚式を挙げたいというカップルは少なくない。そんな新郎新婦の本音を巧みに吸い上げたことがこのビジネスの成功につながっているわけだ。

どうして「カスタムオーダー」は消費者にササるのか

最近メディアでたびたび話題になるのが若者の消費離れだ。そのせいで売上げが落ち込んでいる企業も少なくないが、そんな苦況を尻目に彼らのニーズをがっちりと掴んでいるサービスがある。

それは「カスタムオーダー」だ。このカスタムオーダーで成功している企業のひとつは、腕時計のＳＰＡブランドである。

ＳＰＡとは企画から製造、小売までを一貫して行うアパレルのビジネスモデルをいうが、この企業では中間流通をカットして高額だった日本製の腕時計をリーズナブルに提供することに成功した。

そのため、従来の日本製の腕時計に比べて3分の1程度の価格を実現しているが、使用している材料はコストの高い上質なものばかり。メイド・イン・ジャパンにこだわった高いクオリティと優れたデザインで人気になっているのだ。

なかでも、この企業が購入者から圧倒的に支持される理由がカスタムオーダーなのである。自分好みの文字盤とリストバンド、バックルカラーを選んで自分だけの腕時計をつくることができ、その組み合わせは８０００通り以上にもなる。

この企業のギャラリーショップでは客がさまざまな組み合わせを試し、カスタムオーダーの腕時計選びを楽しんでいるのだ。

同じように世界でひとつだけのオリジナルがつくれることで若者の注目を浴びているのが、カスタムオーダーできるイヤホンである。

自分の耳にフィットするように型をとってもらい、本体を選び、デザインなどを自分好みにカスタマイズできる。

あるカスタムイヤホン専門店では、イヤホン本体の価格や耳型を取る価格や、オプションパーツなどを加えると3万円強になる。それでも売れ行きは好調で、売れ筋は10万円近いものだという。

そもそもプロのミュージシャン用に開発されたが、一般にも人気が広がった。

購買層は30代～40代が目立つが、10代～20代の購入も多い。

　こうしたビジネスモデルが成功しているカギは、数あるパーツの中から本体やデザインを組み合わせられるという点だ。

　一からつくるオーダーメイドだと手間がかかって企業負担も増えるうえ、商品の価格も高くなってそのツケは消費者に回ってくる。それが比較的手軽に、自分だけの一品にカスタムできるということで消費者の購買意欲を刺激しているのである。

　これまで「決まったモノ」の中から選ぶことがほとんどだった消費者にとっては、何とも嬉しいサービスなのである。

世界初のロボットホテルが実践する新しいビジネスのカタチ

回転寿司の入り口で順番待ちをする客の番号を呼び出し、家電量販店では最新コーヒーメーカーの使い方を説明したかと思えば、東京の地下鉄の駅では英語や中国語で外国人観光客に観光案内をする。

これらは全部、人工知能を搭載した人型ロボットのペッパーがこれまでに行ってきた〝仕事〟だ。ちょっとハイトーン気味の「いらっしゃませ」の声に聞き覚えのある人も多いだろう。

ロボット工学を応用した製品開発を行うロボティクス関連企業は投資の分野でも注目株だが、少子化で労働力が減っている日本では、ペッパーだけでなくいろいろなロボットが身近な存在になりそうだ。

そんな未来の縮図ともいえるのが、世界初のロボットホテル「変なホテル」だ。

ここでは、チェックイン・チェックアウトやフロント業務はもちろん、クローク係、荷物を持って客室に案内してくれるポーターも全部ロボットの役目だ。客室にも多言語に対応するロボットがいて、窓ふきや庭の芝刈りもロボットが担当する。

これだけでも話題性は十分だったが、さらにロボットがスタッフとしてはじめて働いたホテルとしてギネス認定まで受けているのだ。

しかし、ロボットホテルが何といっても優れているのはコスト面だ。

ホテルが客に十分なサービスをするのに必要な従業員の数は客室数の2倍ともいわれるが、少子化や人件費の高騰などで実際にはそんなに集められるはずもない。

そこで、人間が担ってきた仕事にロボットを活用して、〝人間〟の従業員数を最大限まで抑えれば、相当なコストをカットすることができるのだ。

新たなロボットの開発も続いていて、今は人間の手で行っているベッドメイキングや水回りの清掃などもそのうちロボットの仕事になりそうだ。

しかも、電気は自家発電の自然エネルギーを利用していて、客室の照明は人感センサーで自動的にオン・オフになる。コストの削減にもとことんこだわっているのである。

ここまで自動化やロボット化が進めば、ホテルに限らず従業員の確保が難しそうなほかの企業や分野にも進出することが可能になるはずだ。

社会貢献とビジネスを両立させるシンプルな方法

まだ食べられる食品を廃棄してしまう食品ロスを減らそうと、自治体や小売業界などで取り組みが行われて久しいが、成果が出ているのかどうかは正直、消費者にはわかりづらい。

そんななか、兵庫県のあるスーパーマーケットがつくった「恵方巻の大量廃棄をもうやめにしよう」と訴えるチラシがSNSで拡散されて話題になった。

売上げのために過剰に商品をつくったり、仕入れたりして、売れ残れば破棄する。そんな、今の世の中で〝当たり前〟とされているやり方に疑問を抱き、必要以上の数はつくらないと宣言したのだ。

その取り組みに対してネット上では驚くほどの絶賛の声が上がり、店には多くの取材も舞い込んだ。儲けよりも世の中を変えたい。そんな情熱が思わぬ宣伝効果を生んだという好例だ。

そして、この話題から改めて浮き彫りになったのは、誰にも世の中の問題を解決するために行動したい、社会貢献したいという欲求があるということだ。

実際、これまで企業や団体が取り組んできた社会貢献活動は、消費者の協力を得て成果を上げている。

たとえば、ミネラルウォーターのメーカーが、売上げ代金の一部でアフリカに住む人々に清潔で安全な水を供給するキャンペーンを世界9カ国で行ったり、ファストファッションメーカーでは着なくなった同社の服をリサイクル、リユースして世界中の難民に届ける取り組みを続けている。

また、先進国の肥満と開発途上国の飢餓問題を同時に解決するユニークな取り組みを行っているNPOがあり、そこには多くの企業や大学が参加している。

社員食堂でこの取り組みの対象になっているメニューを注文すると、1食につき20円が開発途上国の子どもたちの学校給食にあてられるというシステムだ。

これらの取り組みが成功しているのは、仕組みがシンプルで、誰でも気軽に参加できるという点だ。
人の善意を巻き込めば、ビジネスにも社会問題にも大きく貢献できるのである。

「ワンコイン・ビジネス」のメガネで世の中を見てみると…

500円ぽっきりというと、以前はランチメニューなどがメインのサービスだった。ところが、今ではさまざま業種にワンコイン・ビジネスが広がっている。たとえば500円でできることを検索してみると、軽自動車を1時間レンタルできたり、英語のグループレッスンを1時間受けたり、フットサルも1人につき500円で1時間プレイすることもできる。

〝ワンコイン〟というのは、やはりインパクトがある。しかも、自動車やスポーツ施設など、けっして安くないと思っているものがたった1枚のコインで借りられるとなると試してみようと思う人は多いだろう。

多業種に広まるワンコイン・ビジネス

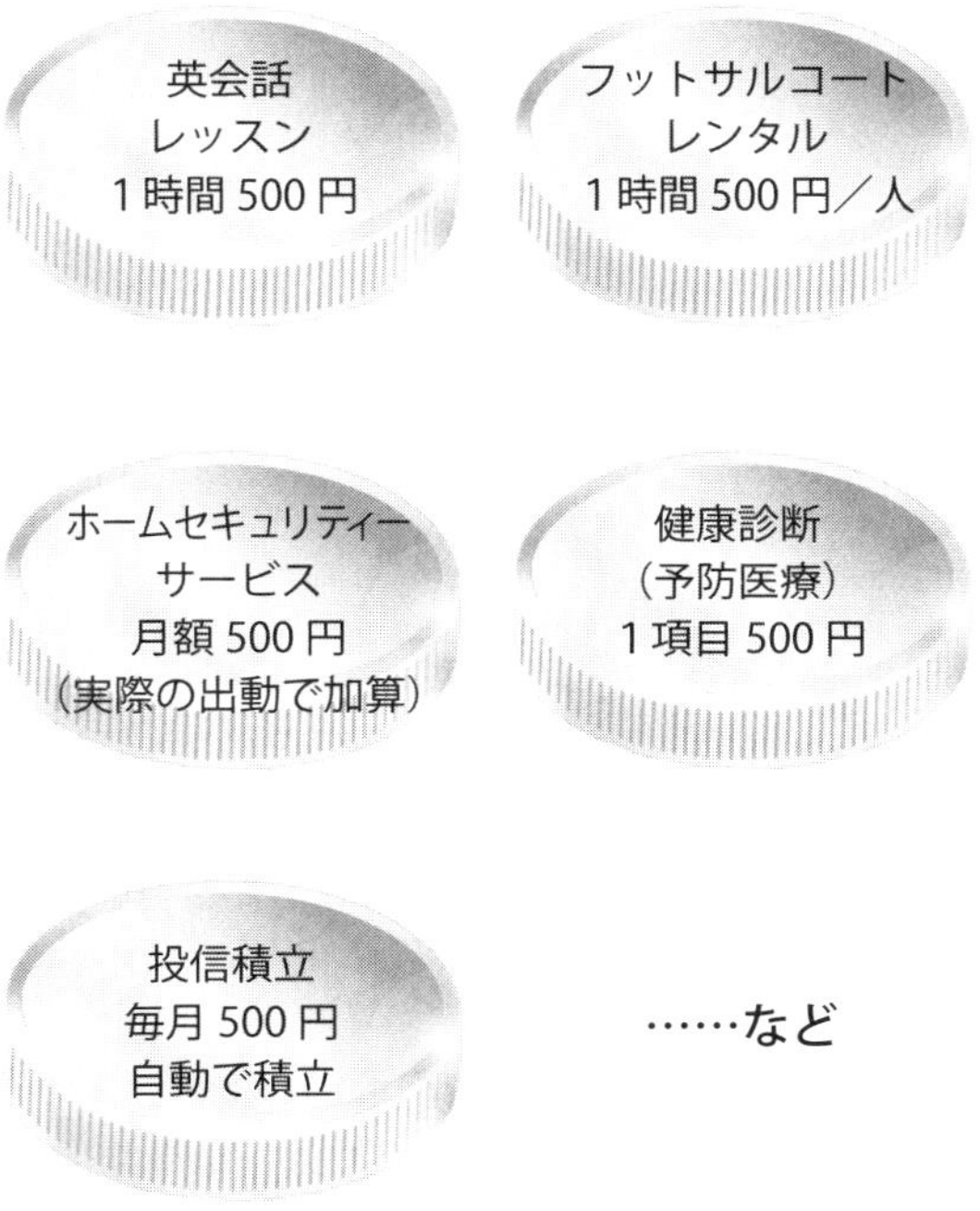

さらに、月額たったの５００円でホームセキュリティを提供するサービスもある。

この会社では月額利用料を５００円にして、実際に警備員が出動した場合だけ１回５０００円が加算されるシステムをつくった。

インターネット回線を使って危険を知らせるためのセキュリティ機器を開発し、警備は地元の警備会社と提携した。

こうすることにより、自社で警備員を雇ったり警備車両を用意するためのコストをゼロにしたのだ。

また、ターゲットも今までホームセキュリティサービスとあまり縁がなかった１人暮らしの学生が暮らすような賃貸物件に絞り込み、あっという間に契約数を増やすことに成功している。

また、糖尿病や肝機能、中性脂肪など気になる数値を1項目５００円でチェックできる予防医療に特化したサービスはすでに定着している。

これは全国のショッピングセンターなどを移動しながら展開していて、買い物ついでに気軽に立ち寄れることから毎月２０００〜３０００人に利用されているという。

〝ちょっと〟のサービスを多くの人に提供できるワンコイン・ビジネスは、今後もまだまだ開発の余地はありそうだ。

「ゆっくり走るタクシー」にみる〝常識逆転〟の法則

タクシー料金は、基本的には「初乗り運賃＋距離」で計算されているが、渋滞や信号待ちなどで時速が10キロメートル以下になると距離ではなく時間での加算になる。たとえば、東京23区なら90秒80円で計測されている。

だから、複数台のタクシーを使って同じ距離を移動すると、赤信号に引っかかったタクシーだけ料金が高くなることもある。

だからなのか、混雑していない道路ではタクシーの運転手はキビキビと運転するし、できるだけ赤信号で止まらないように交差点に滑り込んでいく。

素早く、しかもできるだけ低料金で客を目的地に運ぶのが、一般的なタクシー会社が考える最大のサービスといったところだろう。

しかし、なかにはそんな常識を覆すサービスを展開する一風変わったタクシー会社がある。それは、客の要望に合わせてゆっくりと運転するというものだ。

タクシーに乗るのは、何も急いでいる時ばかりではない。体調が悪い時もあれば、小さな子どもを連れていることもある。妊婦や高齢者が利用することも少なくない。

早いスピードで走られると緊張したり、怖いと感じる人もいるだろう。

そんな、ゆっくりと安全に運転してほしい客が、その意思を運転手に簡単に告げられるように車内には「ゆっくりボタン」なるものが設けられている。これを押すと、運転手はゆっくりとより安全に運転してくれるのだ。

とにかく穏やかに、スピードを出さないで走るので乗り心地も悪くない。評判が評判を呼んで利用者にはすこぶる好評だという。

しかも、この〝ゆっくりタクシー〟はエコドライブにもつながる。急な発信や急加速、停車をする時もガクッとならないので燃料の節約にもなるし、排ガスも少なくなるというものだ。

タクシー業界は今、国土交通省肝いりの「相乗りタクシー実証実験」で注目されている。ほかにも、これからのタクシーは市民の側に立ったいろいろなサービスが期待できそうだ。

サービスしないカフェがいまウケているウラ事情

都心からひなびた海辺まで、全国各地にノマドカフェが広がっている。

会社のオフィスなど決まった場所で仕事をするのではなく、IT機器を使い、遊牧民のように場所を選ばずに仕事をするノマドワーカーにとって、WiFiとモバイル機器用の電源が完備されている〝電源カフェ〟はありがたい存在だ。

仕事をしているとつい長居になってしまう客もいることから、ドリンクやフードのメニューが充実している店も多い。

ところが、なかにはノマドカフェのようでありながらコーヒーもスイーツも出さない店がある。ソフトドリンクは飲み放題なのだが、フードメニューなどもない。仕事のスペースだけを提供することに徹している店なのだ。

ふつう、他のライバル店との差別化を図ろうとすると、ついあれこれサービスを加えていってしまうものだ。

だが、この店ではサービスはとにかく必要最小限に抑えられている。そのため、利用料金も安く、30分250円、1時間500円で、営業時間の10時~19時までずっといることもできる。

もし、ここをオフィス代わりにして月に22日間フルに働いたとしても、家賃だと思えばそう高くもない。

しかも、驚くことにこの値段設定でも店側はちゃんと利益を出すことは可能なのだ。

仮に家賃が１００万円だったとしても、１時間平均30人が利用すれば１日９時間営業で13万円程度になる。

すると、８日で家賃分の利益が出て、半月もあれば人件費もまかなえる。水道や光熱費を考えてもしっかりと儲けが出る計算だ。

サービス業だからといって、余計なものまでいろいろと揃えることはない。シンプルに徹していたほうが、使い勝手のよさを感じる客も少なくないのだ。

時間とお金がなくても起業できる時代をどう生きるか

今のような雇われの身のままでは実現できないけれど、やってみたいアイデアを持っていたり、自分の趣味を生かした仕事をしたいと思っている人にはチャンスかもしれない。

これまで副業が認められていなかった大企業の社員でも、就業時間以外の時間を使ったサイドワークができるように政府が働きかけているからだ。

サイドワークといってもさまざまあるが、モノを売ったり、サービスを提供するような仕事をしたいなら、実店舗を持つよりもまずはネットショップがいいだろう。

実店舗を持とうとすると初期投資や開業してからも固定費などがかかるが、小規模なECサイトならほとんどコストがかからない。

サイトをつくるのも簡単で、業務用アプリケーションソフトをネットで提供している無料のアプリケーション・サービス・プロバイダ（ASP）に登録すれば、短ければものの数十分でネットショップが完成する。その日のうちに公開してサービスを開始することも可能なのだ。

そのうえ、無料で提供されているサービスを使うと最も簡単でコストもかからない。

ただ、デザインなどはテンプレートから選ぶシステムになるので、細かな部分にこだわったりはできないが、オリジナルの写真などで工夫することによって独自性は出せる。

もちろん、カート機能や決済システムなど基本的なツールはすぐに使えるし、スマホのアプリ作成、QRコード作成、予約システムなどさまざまなツールもASPで購入することできる。

特にこだわりがなければ初期にかかるコストは基本的に無料か、かかったとしても数万円で済み、誰でも簡単に本格的なECサイトをつくって商売を始めることができるのだ。

商売の規模は最初は小さくても、自分でビジネスをやっていればマーケティングに強くなるし、定年を迎えたあとも好きな仕事を続けていくことができる。

仮に今、何か温めているプランがあるのなら、ASPに登録してECサイトをつくっておくといい。

そうすれば、会社から副業OKのサインが出ればすぐにショップをオープンさせることができるのだ。

「安眠」ブームの波に乗るニュー・ビジネスとは？

仕事のストレスや人手不足による長時間労働、パソコンやタブレットなどの長時間使用…。便利な世の中になったといわれているのに現代人は疲弊している。

そんなご時世だからか、街にはたまった疲れを癒しますなどとうたうスポットが増えている。期間限定ではあったが、2017年には「睡眠カフェ」がオープンして話題になった。

このように快適な睡眠をウリにしたビジネスは、じつは静かに、しかし確実に世の中に浸透してきている。

睡眠カフェや女性専用の「お昼寝カフェ」といわれる店が増え始めたのは2013年頃で、テーブルにうつ伏せになって仮眠をとれるだけでなく、ベッドでしっかりと寝られるスペースがあるのが特徴だ。

また、気持ちよく眠るための環境づくりにこだわった客室プランを用意するホテルも増えている。

ホテルによって内容は違うものの、専用の客室がある階はフロアごと禁煙になっていたり、マッサージチェアが備えつけてある。浴室のシャワーヘッドもリラクゼーション効果のあるものが設置されていたりする。

そして、ベッドにはアスリートが愛用していることで知られる体圧を分散するマットレスが完備されているなど、至れり尽くせりの内容だ。

ちなみに、あのタニタ食堂でおなじみのタニタもホテルチェーンと組んで安眠ルームの開発試験に乗り出している。

こちらは、快適な部屋づくりに加えて、眠りの深さや睡眠時の状態を計測する機器を使った健康支援サービスがウリだという。

健康に悪影響を与えるとされる〝睡眠負債〟なる言葉も２０１７年の流行語大賞のトップ10に選ばれるなど、睡眠不足を解消したり、質のいい睡眠を求める声はますます高まっている。

安眠ビジネスはさらなる進化が期待できそうだ。

ビジネスから読み解く「自動外貨両替機」のいまとこれから

2017年の訪日外国人の数は約2869万人と5年連続で過去最高を更新しており、今後も増加が続いていくと予測されている。繁華街や観光地を訪れて、訪日外国人が増えていることを肌で感じた人は多いだろう。

ところで、外国を旅行した時に何となく面倒なのが現金の両替だ。入国した時に空港で両替したとしても、旅行中に足りなくなったり、また両替しすぎて余ってしまったりする。

何しろ海外ではキャッシュレス化が進んでいて、クレジットカードどころかスマホ決済が当たり前になっていたりするのである。

中国では、スマホでQRコードを読み込んで支払いをする決済サービスが普及していて、コンビニやタクシー、そして博物館の自動券売機もお土産売り場でもスマホを使って支払いができる。現金は面倒だという国民も多い。

だが、日本ではまだまだ現金払いが当たり前だ。これは、外国人にとってただ面倒なだけのようだが、かといって日本を旅するなら両替しないわけにはいかない。

そこで、最近見かけるのが自動外貨両替機だ。

外国人客の利用が多い都市部のホテルやコンビニ、観光案内所、大阪に行くとパチンコ店にも設置されている。

自動両替機が設置されている場所はサイトを見ればわかるので、それだけで外国人観光客を呼び寄せるツールになっているのだ。

さらに、ただ両替するだけでなく、両替の際に発行されるレシートが設置店のクーポン券になっているなど、店側のメリットもしっかり考えられている。

政府もキャッシュレス化を支援していることもあり、日本でもスマホ決済はどんどん普及し始めている。今後、都市部では自動外貨両替機の需要は減ることになりそうだ。

とはいえ、最近では日本人も知らないような地方のマイナーな場所まで足を延ばす外国人も多い。そうなるとやはりある程度の現金は必要になってくる。

自動外貨両替機は今後、地方で増やしていき、外国人観光客には現金での支払いを介して日本の日常を味わってもらうことになるかもしれない。

クールジャパン戦略の投資案件から何がわかるか

一時ほどは話題にはならなくなっているが、国が先頭に立って日本文化を海外に発信していく「クールジャパン政策」の投資案件がこのほど発表された。

その内容を見てみると、案件の数からいっても「日本食」と「メディア・コンテンツ」が2本柱になっているようだ。

たとえば食分野では、欧米やオーストラリアで日本酒を含めたラーメンダイニングの展開や中国向けの果物の輸出、中東での外食や小売の店舗展開などがあり、開業も進んでいる。

しかし、なんといっても投資額が大きいのはメディア・コンテンツの分野だ。支援額は食分野の２倍以上の２０８億円に上っている。

たとえば、正規版の日本アニメを多言語で配信したり、有料衛星放送でのジャパンチャンネルの放送、アジアでクリエーター人材を育成するスクールも開校し、海外展開は確実に進んできている。

だが、たしかに日本の漫画やアニメ、ゲームは海外でも人気が高いが、なぜ国策としてここまで力を注いでいるのだろうか。

そのひとつには、国内市場が横ばいになっているというウラ事情がある。デジタルコンテンツ協会の調査によると、映画やゲーム、アニメ、テレビ番組などのコンテンツ産業の国内の市場規模は２００９年頃からほとんど拡大していないのだ。

実際、若者はテレビ離れしているといわれるし、少子化や人口減少ももちろん関係しているだろう。

それに比べて、インドネシアやタイなどの東南アジアはパワーがある。たとえば日本の国民全体の平均年齢は２０１５年に46・5歳だったが、タイは38・０歳、インドネシアに至っては27・８歳という若さだ。

ちなみに世界平均は29・６歳というから、日本がいかに高齢化の波にのまれているかがわかるだろう。

そういえば、日本で十数年前に流行ったインスタントカメラが最近になってアジアで売れたという例もあった。

アニメやゲーム以外にも、探せば日本にはまだまだ輸出で稼げるお宝が眠っているのではないだろうか。

4
「お金」と上手に
つきあうにはコツがいる

メディアが煽る「老後資金はウン千万円必要」にダマされてはいけない！

「老後の資金は最低3000万円必要」「今から備えておかないと、老後の生活が破たんする」といったフレーズが、高齢化社会が進む日本ではもはやお題目のようになっている。

しかし、本当に資金が足りないのか、いくら必要なのかは冷静に考えるべきだ。多くの場合、減額や支給開始の後ろ倒しといった不安要素はあっても、年金が老後の収入の大きな柱になることは間違いない。

「年金定期便」などで自分が何歳からいくら支給されるのかを確認し、月々の生活費を考えるとどれだけの不足があるのかは中高年に限らずチェックしておきたいものだ。

その不足分を補うのが個人でできる備えとなるのだが、金融業界の営業マンにかかれば「積立型の保険商品で少しでも多く貯めましょう」ということになる。しかし、積立型の保険商品は利率も悪いうえに、保険会社の手数料も含まれている。

では、どうすればいいのかといえば、まず現役時代に少しでも貯蓄額を増やすことだ。まず、生活スタイルが変わる節目では加入している保険の見直しを行うようにしたい。

たとえば、子どもが独り立ちした家庭では、高額の死亡保険は必要ないだろう。保険料は月々の生活費の中で大きなウェイトを占めることが多く、老後資金を意識するなら真っ先に見直すべきなのだ。

現役時代を少しでも〝伸ばす〟努力も怠ってはいけない。定年退職した後であっても、スキルややる気さえあればまだまだ働ける人が多いはずだ。

職場の再雇用制度だけでなく、地域の中で働ける高齢者への求人は意外と多い。もちろん、現役時代に比べれば賃金は劣るが、それでも年金以外は収入がないという状況は避けることができる。

時代を考えれば、起業するという選択肢もある。２０１４年の中小企業白書によれば、起業家で最も多いのが60歳以上で、全体の32・４％を占める。借り入れをせず、手を広げ過ぎず、「自分が食える分だけ」稼ぐというイメージでいれば、シニア層の起業はさほど難しくないという。

ただし、現役時代からそのための勉強や資格の取得などは計画的に行っておきたい。老後はある日突然やってくるものではないからこそ、事前に意識することで十分備えられるはずだ。

年金に対する不安要素が多い時ほど冷静に計算しなければならない。備えたつもりがかえって損をしたという事態にならないために、賢い立ち回りが必要だ。

頭のいいギャンブラーは、ギャンブルを家計の中で考える

家計簿の項目の中に、「教養娯楽費」というものがある。書籍や文房具、趣味

にかかる費用、旅行などの費用や学費以外の通信教育などの費用もこれに当たり、範囲はじつに幅広い。

この教養娯楽費の中に組み込んで考えたいのが、ギャンブル代だ。

たとえば競馬で考えれば、胴元であるＪＲＡの取り分は賭け方によっても違うのだが20～30％に設定されている。つまり、賭け金の20～30％は確実にロスすることになるのだ。

しかも、賭け金を全額失うこともあると考えると、リスク管理の点からみたら家計を圧迫するまでつぎ込んではならないことはわかる。

コンサートや映画に行くと考えて、１カ月のうちどれくらいなら費やしてもいいのか計算してみるといい。その額を出ない範囲内で行うギャンブルなら教養娯楽費として許容されるはずである。

「もしかしたら当たるかも！」という甘い期待にはたいていの場合、何の根拠もない。

ギャンブルはそもそも胴元が儲かるようにできており、大半の人は損をしてしまう。それでも大金をつぎ込んで、極端な話になると借金まで重ねてしまうのがギャンブル依存症である。

ギャンブルが射幸心を煽ることについては社会的な問題になっており、業界各社でもその対策に乗り出している。

最近、特に問題になっているのが、スマホゲームへの過剰な課金だが、いわゆるガチャに関して当たりの確率を明示するようになったり、パチンコ店ではその日の限度額を自己申告しておき、それを超えた場合にスタッフが知らせてくれるサービスを始めた。

さらに驚くのは、フィンランドの国立健康福祉センターによるギャンブル依存症に対する点鼻薬での治療の研究だ。

脳内のドーパミンの生成を抑える成分を利用した点鼻薬が、ギャンブル依存症に即効性があるのではないかと期待されているというのだ。

依存症までいかなくても、ついやり過ぎてしまうということは誰にでも起こりうる。ギャンブルは投資や資産運用ではなくあくまでも娯楽費なのだ、ということを肝に銘じてほどほどに楽しむように心がけたい。

超高齢化社会に欠かせない仕組み「財産デッドロック」って何？

「財産デッドロック」という言葉をご存じだろうか。デッドロックとは膠着状態を表すのだが、認知症などによって判断能力を失った人の財産を売ることも動かすこともできなくなることをいう。

超高齢化社会で、認知症を患う人が増えている現状では、財産デッドロックを防ぐ老後資金対策が急務となっている。

そこで注目したいのが「家族信託」だ。信託といっても金融商品ではなく、簡単にいえば家族による後見制度だ。

従来の成年後見人制度では、家庭裁判所が任命した後見人が財産を処分したり、契約などを行うこともできる。しかし、注意が必要なのは、あくまでも本人の利益になる場合に限られるということだ。つまり、相続税対策といった理由では、不動産などを処分することはできないのである。

家族信託は２００９年に始まった新しい制度で、本人と家族が信託契約を結び、さらに監督者を置くことで細やかなケースに対応した財産管理を行うことができるのだ。

たとえば、アパート経営をしている父親が長男と家族信託契約を結ぶとする。長男はアパートの管理を請け負うが、家賃などの利益はそのまま父親が享受することで生前贈与とはみなされず、相続税はかからない。

また、父親の死後、通常の相続手続きでは相続人全員の承諾と押印が必要だが、家族信託契約を結んでおくことで裁判所は柔軟な対応をしてくれるケースが多いという。

認知症と診断された後では、家族信託契約を結ぶことはできなくなる。老後の資産管理という意味でも、まだ元気なうちに一番信頼できる家族にその財産を守る役目をゆだねるのは賢い選択といえるだろう。

ネット銀行で得する人、損する人の共通点

ある程度まとまったお金が手元にある場合、選択肢として考えるのは金融機関の定期預金だ。普通預金に比べれば比較的金利がいいし、まとまった資金を預けるのには適した商品といっていい。

しかし、超低金利時代となって久しい現在では、定期預金の金利も吹けば飛ぶような微々たるものとなっている。

そこで選択肢のひとつに加えたいのが、ネット銀行の定期預金だ。もともと従来の銀行に比べて利率がいいのだが、定期となるとさらにそのメリットは大きくなる。

一年定期で比較すると、ネット銀行では０・０５％から０・２％という利回りになっているものもあるのだ。

大手都市銀行の定期預金の利率は軒並み0・01％程度で、もはや比較の対象にもならない差がある。

ただし、都市銀行などの定期預金にはネット銀行にはないメリットがある。それが、当座貸越というシステムだ。定期預金を担保にしてその銀行からお金を借りられ、その際に発生する利子は定期預金の利率に0・5％を加えたものになる。

仮に定期預金の金利が0・01％だとすると、貸越の金利は0・51％となる。都市銀行のカードローンの金利は低いもので4％から5％、クレジットカードのキャッシングは20％弱となっていることを考えれば、かなりの低金利でお金を借りることができるわけだ。

ただ、一点だけ注意したいのが借入には上限があることだ。定期預金に預けている金額の90％まで、さらに銀行にもよるが最大の借入限度額が200万〜500万円程度となっていることだ。

ネット銀行でも当座貸越を行っているところもあるが、多くはこのシステムを導入していない。まとまった金額を用立てなくてはならないという場合は、従来の銀行に定期預金を持っていることが有利に働くのである。

日々の運用の利回りをとるか、まさかの時の安心をとるか。資産運用で何を主眼に置くかによって定期預金の預け先は決まってくるのである。

ムダ遣いを一気に撲滅する「家計簿アプリ」の使い方

夫婦共働きが増えた現在では、「夫婦であっても財布は別」というスタイルも多いだろう。しかし、「家庭の運営」という観点から見れば、トータルの家計が今どのような状況にあるかは把握しておいたほうがいい。

そこで役に立つのが、スマホの家計簿アプリだ。レシートを撮影すると情報を取り込んで家計簿にしてくれるアプリや、クレジットカードや銀行口座と連動させてお金の動きを把握できるアプリなど、気軽にできるものから本格的なものまで多種多様なものが提供されている。

また、それぞれ別の財布を持っているという夫婦におススメなのが、グループで家計簿を共有できるタイプのものだ。

このアプリを使えば、夫婦それぞれの支出と合算した収支を把握できるため、赤字や黒字、支出のバランスなども細かくチェックできるのだ。

さらに、証券口座やポイントカードとの連携もできるものもあり、一家の資産管理をスマホ1台で行うことができるメリットがある。

企業でも家庭でも、収支を管理するのは基本中の基本だ。何となく使いすぎて赤字になったり、使うべき時に使っていいのかどうかわからないのでは、経営が破たんしてしまう。互いの収支を合算してチェックできれば、資金計画も的確に立てることができるはずだ。

また、スマホアプリならアナログの家計簿よりも気軽に始めることができるので、今まで家計簿をつけても続かなかった人にもおススメだ。

ただし、家計簿アプリはクラウドを利用しているため、セキュリティの点では不安が残る場合がある。

家計簿アプリはこう使う!!

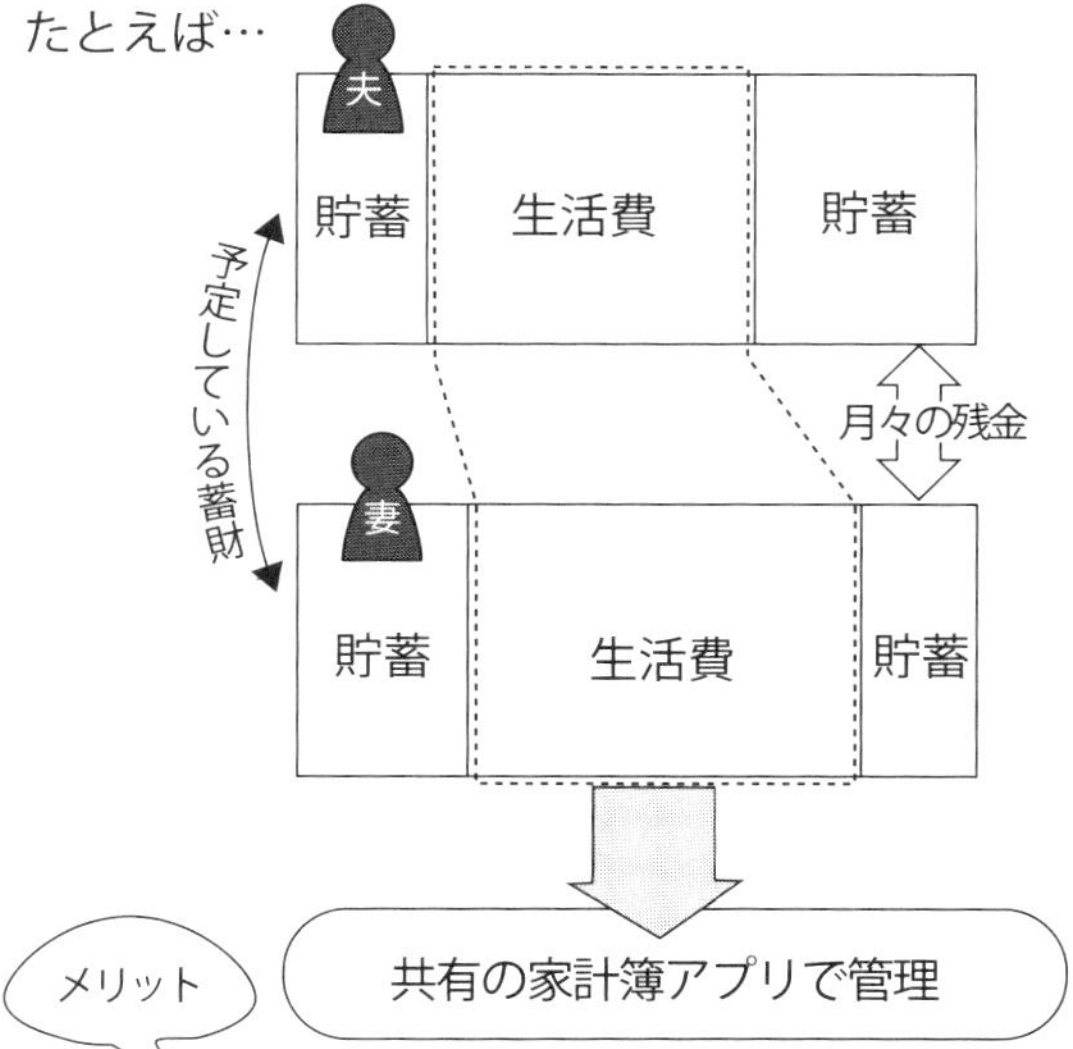

- ◉ 夫婦でひとつのアカウントを共有することで家計全体の支出がひと目でわかる
- ◉ あらかじめ予算を設定しておけば、使い過ぎ防止にもなる
- ◉ 設定を「生活費」に限定すれば、お互いのプライバシーも守れる

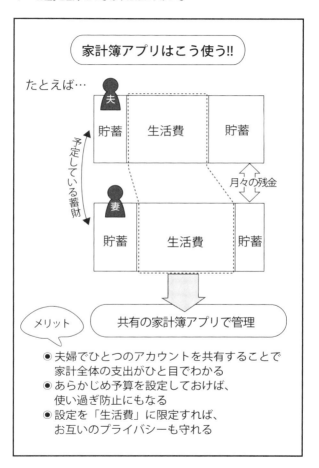

ハッキングなどで情報を抜き取られたら犯罪に巻き込まれる可能性もないとはいえない以上、住所などを登録してあるFacebookなどとの連携は避けたほうがいいだろう。

今後もスマホアプリなどを利用したデジタル家計簿のサービスは増える一方だろうが、安全性も考慮しながら自分たちのニーズに合ったものを利用していきたい。

万人向けのお小遣い稼ぎなら「ブログアフィリエイト」

ネットで簡単に副収入が得られるとして一気に有名になったのが、ブログなどに表示される広告のアフィリエイトだ。特別なスキルも必要なく、スマホやパソコンさえあれば誰でも気軽にできるのがアフィリエイトの特徴である。

ブログ主はただ広告主のバナーをブログの中に貼り込むだけで、その商品が売れたら報酬を受け取ることができるという仕組みになっている。

ブログ主にはいっさいの費用がかからないため、アフィリエイトを始める人は多い。本来、リスクの少ない安全な副業なのだが、市場が大きくなればそこに目をつける輩も多くなるのが世の常である。

そこで、最近問題になっているのがアフィリエイト詐欺だ。「アフィリエイトで稼ぐ方法教えます」などとうたった講座を開設してお金を振り込ませるという手口が代表的である。

また、大学生など若者をターゲットにして、アフィリエイト会社に人を紹介させて登録料を取るというマルチ商法まがいの詐欺も増えている。

少しでも多く儲けたい、楽して稼ぎたいといった人の欲につけ込んだ巧妙なやり方は、ネットが舞台であっても詐欺師の常套手段である。

ブログのアフィリエイトは、本来費用が発生するたぐいのものではないことを肝に銘じておくべきだろう。

アフィリエイトの仕組みとしては、まずブログの閲覧者を増やすことが広告収入アップの唯一の道だ。一般の人がただの記録としてブログを書いている場合、アフィリエイトをやっていてもそれほど収入は期待できない。

稼げるアフィリエイトを目指すなら、ブログの閲覧人数を増やす努力が必要で、始めるのは簡単なものの、本当に稼げるようになるのは閲覧人数を増やそうという意識でブログを〝書ける〟人だけなのである。

このことが、参入者は多くてもそれで生活できる人はそれほど多くないという現状につながっているのかもしれない。

「楽して儲かる」ということはあり得ないのだということを忘れなければ、アフィリエイトは万人向けの気軽なお小遣い稼ぎ程度にはなる。その反面、工夫しだいでは十分な副収入を期待できるツールなのである。

「セルフメディケーション税制」がつなぐ〝お金〟と〝健康〟

長寿社会といっても、単純に喜べないのが昨今の世の中だ。

もらえる年金は目減りして、現役世代の給料もそれほど上がっているわけでもない。せめて健康なら幸せかと思うが、年を重ねれば体のあちこちに不具合が出てきて医療費もかさむものだ。大病をするようなことはなくても、日常の些細な不調は誰にでもあることだろう。

そんな長寿社会の「健康」にお金の面からスポットを当てた制度が期間限定で登場している。それが、セルフメディケーション税制である。セルフメディケーションとは「自分自身の健康に責任を持ち、軽度な身体の不調は自分で手当てすること」と、WHO（世界保健機関）の憲章にも定義されている。

わかりやすくいうと、病院に行くほどもない不調を市販薬でケアしたり、検診などを受けて日頃から健康維持に努めることである。

2017年に導入されたセルフメディケーション税制は、医療用から一般向けに転用された有効成分を含むスイッチOTC医薬品の購入のうち、1万2000円を超える分を減税の対象にするというものだ。

従来の医療費控除制度では、医療費や市販薬の購入が年間で10万円を超えた場合に減税の対象となっている。年間で10万円ということは月平均で８４００円程度となり、控除額まで達しない人も多かった。そこでセルフメディケーション税制を利用すれば、減税のハードルはぐっと下がるのだ。

しかし、市販薬といっても対象になるものを見分けなければならない。パッケージに対象商品であるというマークがついているものもあるのだが、すべてに行き渡っているわけではない。

スマホアプリの中にはレシートを読み込むと対象市販薬の購入金額を自動的に仕分ける機能を持っているものもあるが、購入する際はあらかじめ厚生労働省のホームページなどで確認するか、薬剤師などに確認するのがいいだろう。

注意したいのは、セルフメディケーション税制と従来の医療費控除は併用できないということだ。どちらを使ったほうが得になるのかは人によって違うのである。

また、各種検診や予防接種を受けたという証明がないと利用できないということも覚えておきたい。セルフメディケーション税制は、あくまでも自分の健康を自分でケアしている人のための減税制度なのである。

「ロボアドバイザー投資」のロボットの実力のほどは？

資産運用の基本である投資信託は、資産を信託会社というプロに任せて投資してもらうというシステムである。

この市場に、２０１６年頃からロボアドバイザー投資という新しい形が登場した。その名の通り、資産運用をロボットに任せる投資方法だ。

ＡＩ社会もここに極まれりという感があるが、アンケートに答えるだけで投資する人のリスク許容度や投資限度額を算出し、それに基づいた最適な投資プランを提案してもらえるのである。

膨大なデータの中からロボットによって抽出された投資商品に対し、これまたおすすめの資産分配で投資をすることができる。しかも運用のメンテナンスもお任せできるので、まったく手間がかからない。

完全お任せ型の投資信託といえば、それまでも証券会社で扱う「ラップ口座」というシステムがあったのだが、始めるのには数十万から数百万円の元手が必要であり、気軽に始められるというものではなかった。

その点、ロボアドバイザー投資は1万円程度から始められるので初心者にはぴったりといえる。

また、目的に応じた目標額を設定したり、まとまった額を預けてそこから取り崩しながら運用したり、株価の急激な変動に対するショック軽減機能を備えているものなど、細かなニーズにも対応する機能を持つものも多い。

食い足りない点があるとすれば、基本的に投資先としてロボットが選ぶのはインデックスファンドで、日経平均株価に沿った値動きをする銘柄である。これだと、元本割れのリスクは低くなるものの、大きく儲けようという目的には適していない。

また、手数料は従来のインデックスファンドに対する投資信託に比べると高め

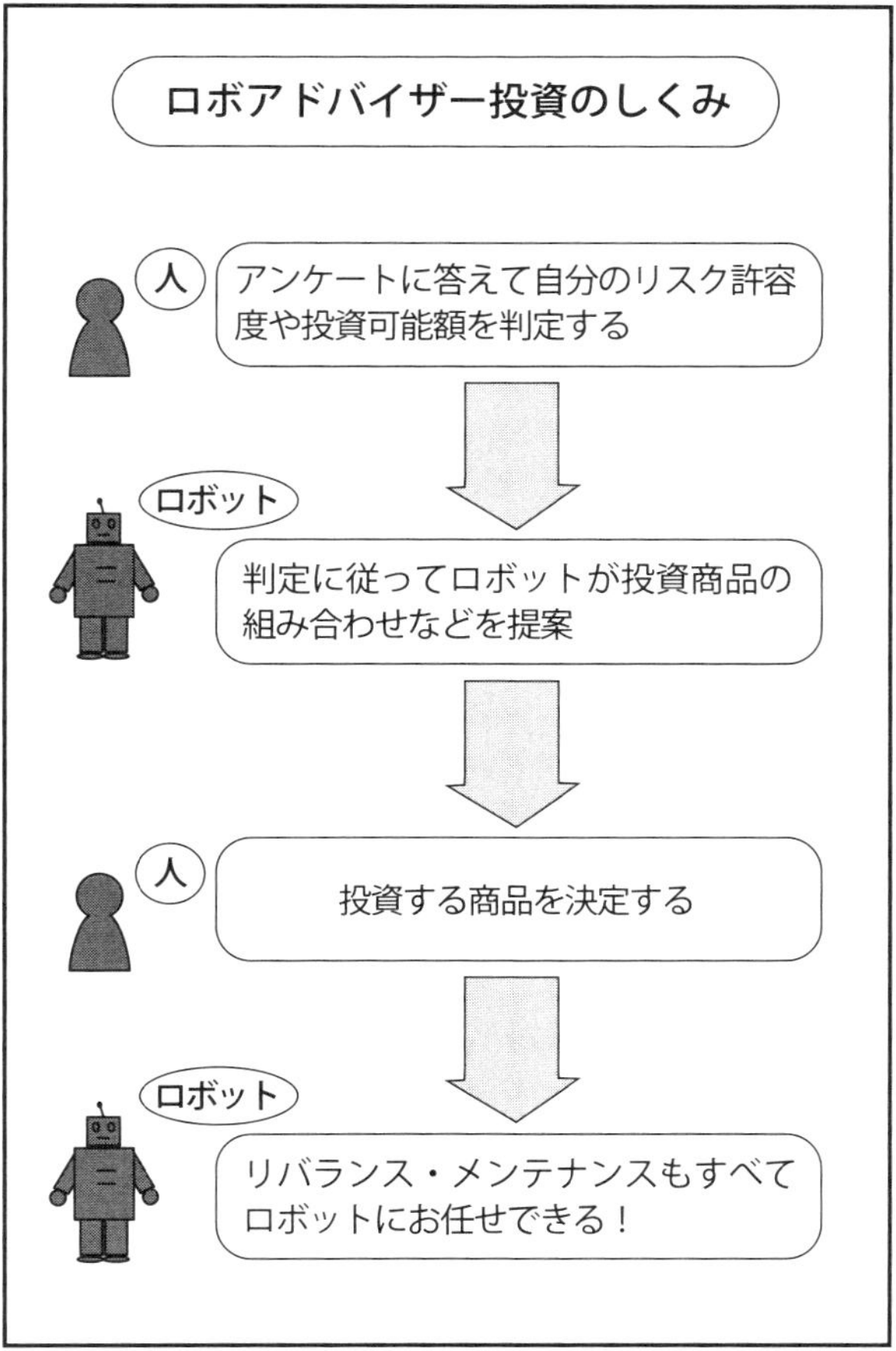
ロボアドバイザー投資のしくみ
人
アンケートに答えて自分のリスク許容度や投資可能額を判定する
ロボット
判定に従ってロボットが投資商品の組み合わせなどを提案
人
投資する商品を決定する
ロボット
リバランス・メンテナンスもすべてロボットにお任せできる！

に設定されているものが多い。

手間いらずである分、その辺りは割高になるのもしかたがないといったところだろうか。

ただし、投資信託の手数料がこの10年ほどで値下がりをしてきていることから考えれば、ロボアドバイザー投資は日本ではまだ始まったばかりのシステムであり、これが普及していくにつれて相対的に運用コストなども値下がりしていく可能性もある。

株式投資のことはまだよくわからないけれど、とりあえず始めてみたいという人にはピッタリなのがロボアドバイザー投資なのである。

価値ゼロの空き家でも「空き家バンク」に登録すると…

「空き家問題」が社会的な論議の対象になったのは、２０１３年に全国の空き家数が820万戸、空き家率でいうと13・5％という過去最高の数字を記録してからだ。

社会問題となったことで空き家を取り巻く状況はそれまでとは大きく変わり、主のいない実家を相続してそのまま空き家として放置しておくことの負担は重くなっている。

そんな空き家問題を解消するために2015年2月に施行された空き家等対策の推進に関する特別措置法によって、それまで更地の6分の1程度に抑えられていた固定資産税の優遇措置がなくなったのである。

「更地にすると税金がかかるから、このまま置いておこう」などと思ったら大きな間違いなのだ。

とはいえ建ててから年数も経っており、交通の便も悪いとなると、なかなか買い手がつかないのではと案じてしまうが、ここで利用したいのが買い取り再販を行う業者である。

しかし通常の不動産取引では不動産業者が仲介となって買い手を見つけてくれ

ることになる。つまり、買い手が見つからない限り売却はできない。

買い取り再販では、不動産を業者が直接買い取り、リフォームしたうえで売りに出すという手順を取る。

この方法だと、買い手がなかなかつかない物件もすぐに現金化できるのである。リフォームなどのコストがかかるため買い取り額は安くなってしまうが、そのまま置いておけばマイナスがかさむ一方となれば、利益は少なくても売却できれば助かるはずだ。

また、買い取り再販業者でも引き取ってもらえないような山村地帯などの資産価値がない家の場合でも、自治体が運営している空き家バンクに登録することで売却したり民泊などとして活用することができる。

田舎暮らしがブームとなっている現在では、過疎地であってもそこに移住したいという一定のニーズが見込めるのだ。

空き家バンクは各自治体がそれぞれ運営していたもので横のつながりがなく、物件を探しづらいのが難点だったのだが、2017年9月に全国の空き家バンクを集約したサイトがオープンした。

これによって、各地にある空き家を一挙に検索することが可能で、併せて地域の求人情報なども探すことができるなど格段に利便性がアップしており、今後の利用が拡大していくことが見込まれているのだ。

住み慣れた思い出の実家が負の遺産とならないように、実家の第二の人生についても真剣に考えておくべきなのである。

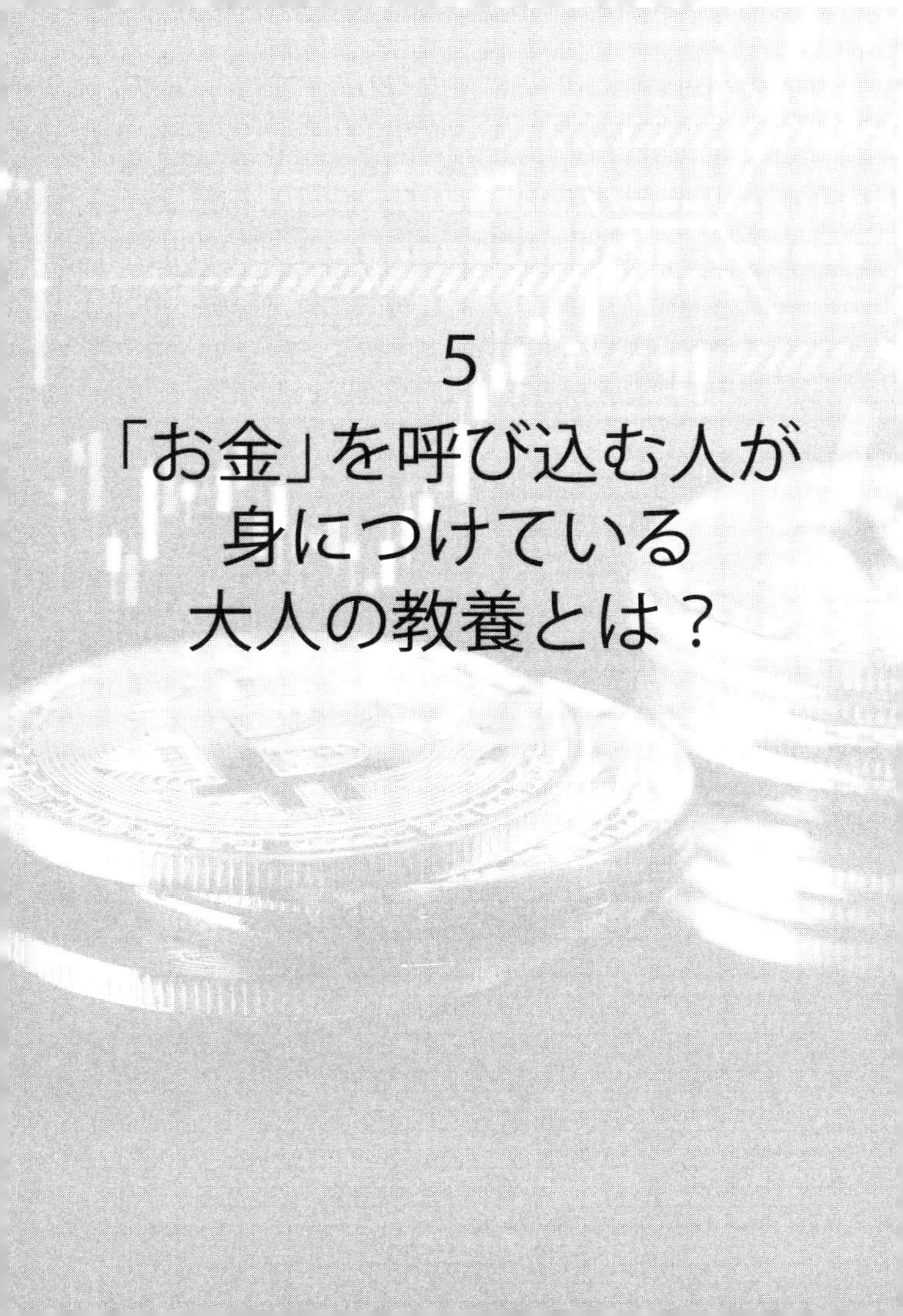

5
「お金」を呼び込む人が身につけている大人の教養とは？

「返品自由」がうたい文句のネット通販がそれでも儲かる理由

今や私たちの生活になくてならないものがネット通販だ。実店舗では優柔不断でなかなか購入を決断できない人でも、ネットだと深く考えず、ついポチっとしてしまうという人は多いのではないだろうか。

だが、洋服や靴などは、素材やサイズ感がわからないから手を出しにくいというデメリットがある。そこで、そんな消費者心理を見越して、最近は「返品自由」をウリにしているショッピングサイトが増えている。

サイトにもよるが、だいたいは2週間以内など期限をもうけて、その間に気に入らなかったりサイズが合わなかったりすれば返品できるようになっている。

その際の配送料も販売店が持つ場合が多く、消費者は届いた箱や袋に商品を詰めて送り返すだけだ。

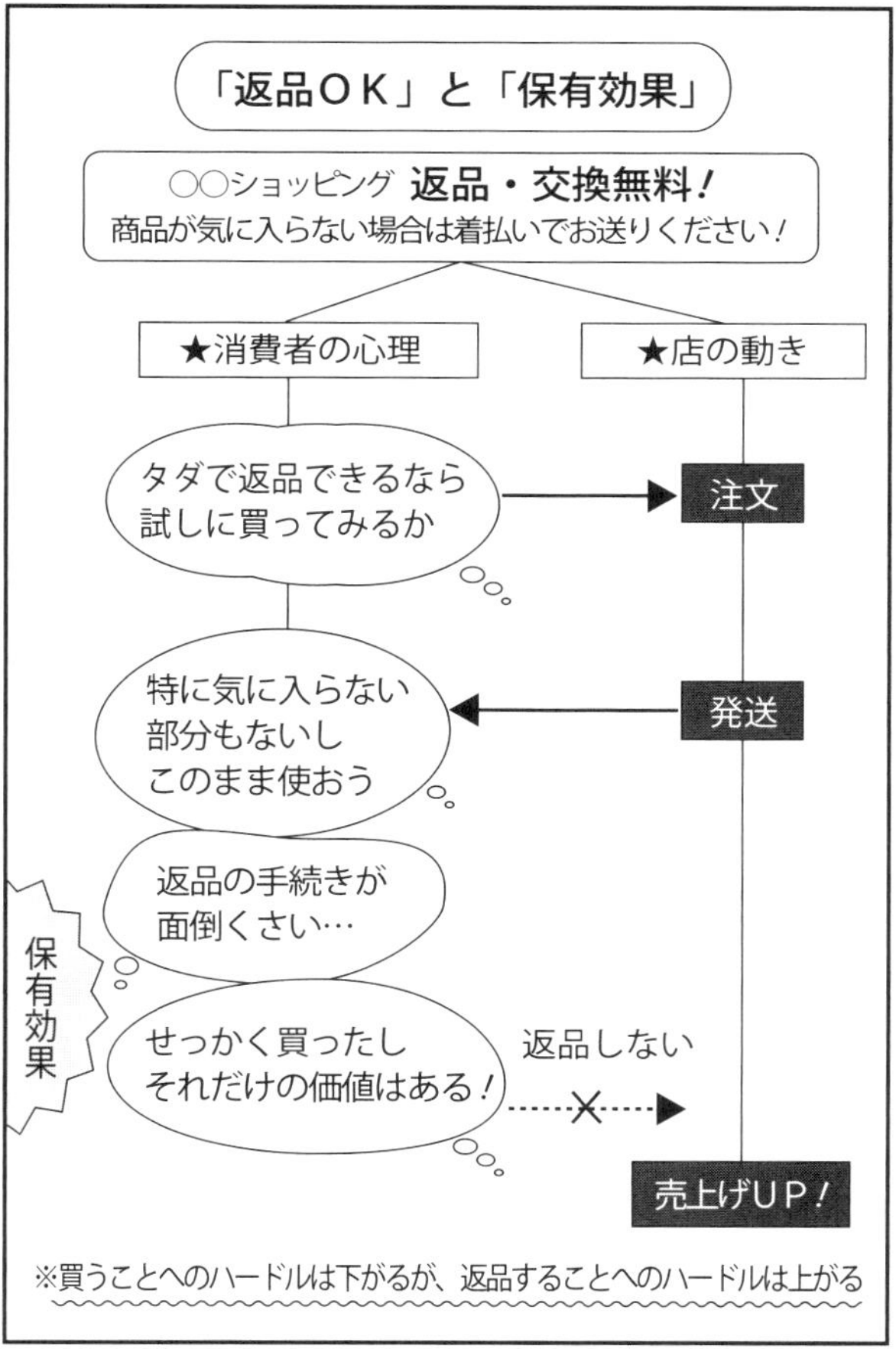
「返品ＯＫ」と「保有効果」
○○ショッピング 返品・交換無料！
商品が気に入らない場合は着払いでお送りください！
★消費者の心理
★店の動き
タダで返品できるなら
試しに買ってみるか
注文
特に気に入らない
部分もないし
このまま使おう
発送
返品の手続きが
面倒くさい…
保有効果
せっかく買ったし
それだけの価値はある！
返品しない
売上げＵＰ！
※買うことへのハードルは下がるが、返品することへのハードルは上がる

たしかに消費者側の金銭的な負担はほぼゼロなので、買い物のハードルはグッと下がるが、販売店は損をするばかりではないのだろうか。

じつは、この「返品自由」は一見販売店が大損しているかと思いきや、きっちりと儲けにつながっているというのだ。

というのも、人は自分が一度所有したものには価値があると思いたがる傾向がある。これを「保有効果」というが、この心理のおかげで意外にも返品が少ないというわけだ。

スマホにしても他社への乗り換えや格安ＳＩＭという選択肢があるにもかかわらず、「手続きが面倒」「メールアドレスが変わるのが嫌だ」といった理由をつけて、長年使用しているキャリアで現状維持しようとする人は少なくない。こういう時、本人は意識せずとも、どこかで保有効果が働いているのである。

もちろん、なかには本当に思い出いっぱいで捨てられないものもある。だが、「自分が持っているだけで価値がある」と無意味に思い込んでいる深層心理につけ込んだ商法でもある。

どうしても衝動買いがやめられない人が、まずすべきこと

ダイエット中なのに、つい誘惑に負けてがっつり大盛りのラーメンを食べてしまう…。こんなことはよくあるが、こういう人はお金に関しても同じ傾向が現れることが多い。

たとえば、結婚資金を貯めなければいけないのに、前から欲しかった腕時計や新しいカメラが出れば買いたくなる。頭では十分わかっているのに、いざとなると浪費が止まらないというパターンだ。

これは、心理学でいうところの「双曲割引」が影響している。

簡単にいえば、遠い将来はなんとか待てるものの、近い将来は待てないということで、よく〝せっかち指数〟にも置き換えられるが、どちらかというと〝我慢指数〟のほうがピンとくるだろう。

ダイエット中にラーメンを食べてしまう人も、貯金できずに浪費してしまう人も、どちらもこの双曲割引が強いということなのだ。

少しでもこれに当てはまると思う人は早急に対策をとるべきだ。もはや自分の意志での貯金は難しいので、たとえば給料から定額を自動的に別の口座へ移るように設定するとか、欲しいものを見つけたらすぐ買わずに必ず「翌日に持ち越す」と決める。ネットショッピングには手を出さないなど、自分できっちりルールを決めるのだ。

浪費グセのある人は、まず双曲割引傾向が強い自分を自覚することこそが貯蓄術の第一歩なのだ。

お金の恩恵を受けるのに下手なプライドはいらない

大きな買い物をする時は、いつもとはちょっと異なる心理状態になりやすいものだ。

たとえばマイカーの購入でいえば、最初は競合他社と相見積もりをとったりして、少しでもお得なクルマを選ぼうとするのに、いざ車種を決めたあとは、サンルーフだの特殊なセキュリティシステムだのと、予定していないオプションを躊躇なくつけてしまう。購入するモノの額が大きいと、金銭感覚がマヒしてくるという好例である。

だが、どれだけ予算がオーバーしても「買わなきゃよかった…」という後悔だけはしたくないのもまた人間心理だ。

内心は「しまった」と思っても、「俺は最初からこれが欲しかったんだ」「好きなものにカネをかけて何が悪い」と、なぜか自分の買い物を正当化しようとする。専門用語で「認知的不協和」と呼ばれる心理だ。

もちろん、実際そのクルマの選択が失敗だったのかどうかは乗り続けてみないとわからないし、そもそもどう考えようと個人の自由だが、あまりにも頑なだと損をする場合もある。

それは、マイホームのように何十年もかけてローンを支払う一生モノの買い物の場合だ。

いうまでもなく住宅ローンの金利は世の中の動きにつられて変動する。途中で残金の見直しをはかり、借り換えを検討するのはもはや常識だが、自分の買い物のしかたを頑なに正当化するようなタイプは、そこがなかなか踏み切れない。

「見直し」＝「最初の自分の買い方を否定すること」だという思い込みが捨てきれないからだ。

住宅ローンの借り換えは、うまくいけば百万単位で残金が減るケースも珍しくない。つまらない固定観念とプライドに邪魔されて、その恩恵をみすみす逃すほうがよほど損である。

また、どうしてもダメなら「損切り」という考え方もある。居住する市町村の人口減少などで、購入時から資産価値が大幅に減る土地も珍しくない。不動産が〝負動産〟になり下がることは今や当たり前にあることなのだ。

たいした価値もないうえ資産価値が目減りしている住宅にローンを支払い続けるよりは、少々損をしても思い切って売却するという手だってある。株でいうところの〝損切り〟である。

見直しは失敗ではなく「方向修正」だ。このロジックをもってすれば、大きな損をすることなく自分の資産を守り続けることができるのだ。

買い物で失敗する人は、こんな罠にハマっている

お金を貯められない人の特徴のひとつに、「モノの適正な価値を見抜けない」ことがある。名の知れたブランドのロゴマークがついているだけで、何も考えずに「いい製品だろう」と思ってしまうような人は要注意だ。

そんな人はセール時の買い物でも失敗しやすい。

たとえば、１万５０００円を二重線で消し、その下に７９００円と書かれた値

札がついているシャツがあったとしよう。

いつもだったら、衝動買いなどしないのに、ものすごくお得な気がして何も考えずに購入してしまったことはないだろうか。

これは心理学の「アンカリング効果」に当てはまり、1万5000円という数字が錨（アンカー）のように固定され、それを価値基準にしてしまうという心の動きである。

ふだんの価値基準でいえば、7900円のシャツは高いと感じて踏みとどまるのに、1万5000円のアンカリング効果のおかげで、「本当にその価格は妥当なものか」という思考が飛んでしまうので、いとも簡単に財布の口を開けてしまうのだ。

さらに強力なのは、「今だけ」とか「限定」などといった〝レア感〟がプラスされる場合だ。

半額セールでなおかつ「タイムサービス」や「先着10名限定」とくれば、たいていの人が「いま買わなくちゃ！」「これを逃したら損をする！」という心理に

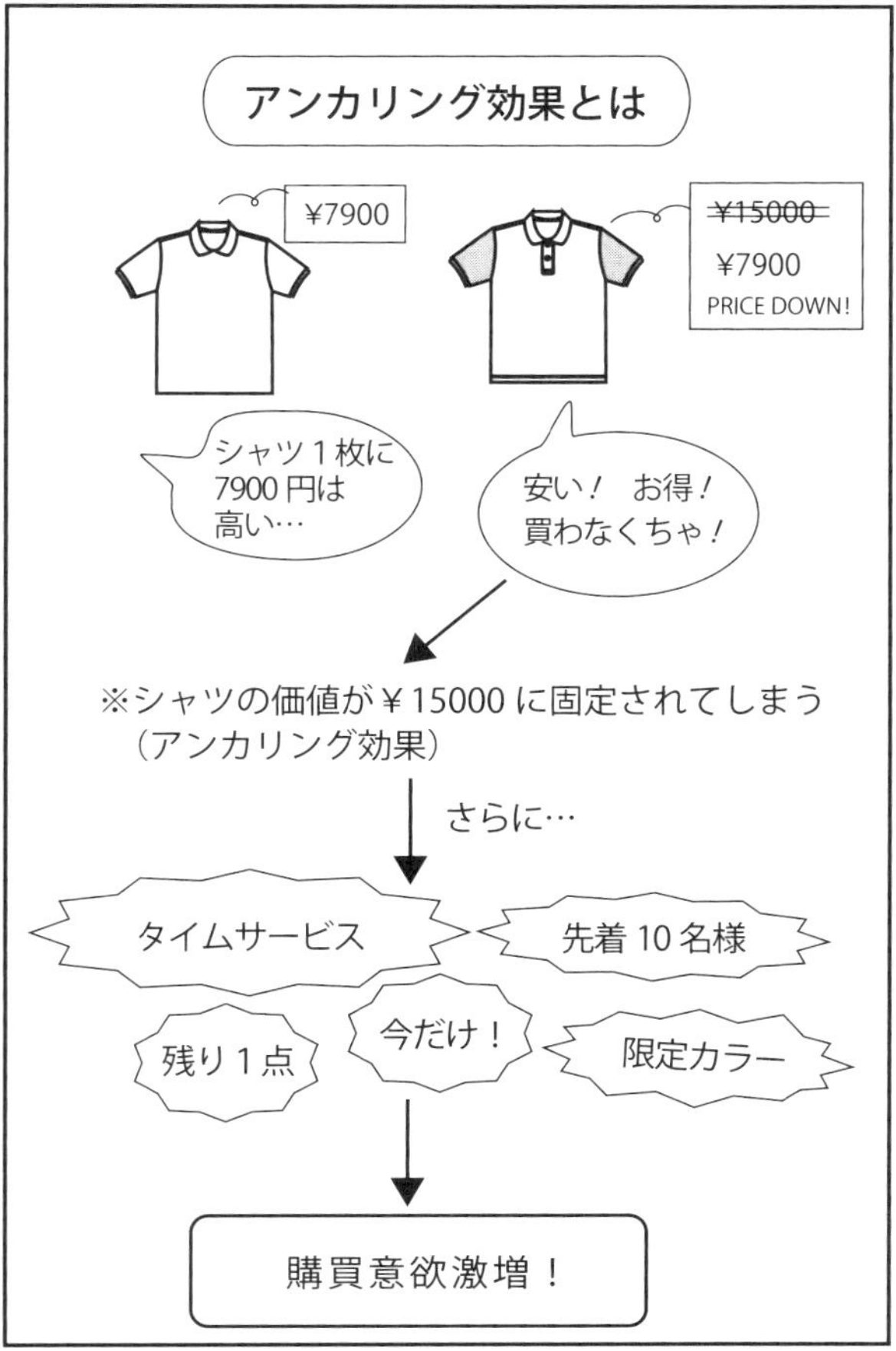
アンカリング効果とは
¥7900
¥15000
¥7900
PRICE DOWN!
シャツ１枚に7900円は高い…
安い！　お得！買わなくちゃ！
※シャツの価値が¥15000に固定されてしまう（アンカリング効果）
さらに…
タイムサービス
先着10名様
残り１点
今だけ！
限定カラー
購買意欲激増！

あっさり陥ってしまうのだ。

これがシャツ程度ならまだいいが、クルマやマンションなど、もっと高額なモノの衝動買いは笑い話では済まなくなる。

当然、売る側も消費者のそんな心理を突いておいしい宣伝文句を並べ立てている。

グッと飛びつきたくなるのをこらえて、その買い物は正解なのかどうか、一呼吸置いて考えてみる習慣をつけたい。

「目先の利益を考えない」のが素人の投資の鉄則

今すぐもらえる1万円と、1年後にもらえる2万円。あなたならどちらを希望するだろうか。

すぐ入るカネはほしいけれど、1年待てばご褒美はその倍額になる。「そりゃもちろん1年待って2万円でしょう」と思うかもしれないが、実験の結果、今すぐにもらえる1万円を選んだ人のほうが多いことがわかっている。

専門用語で「現在志向バイアス」と呼ばれるこの心理は、じつは特定の人の傾向ではない。誰もがまだ見ぬ未来の得よりも、すぐ目の前の利益に飛びついてしまうものだ。

だが、お金を呼び込むためには、このよくある心理に陥ってはいけない。特に投資などでは要注意だ。

たとえば、「2週間で3％の利益を保証」といった儲け話は、一見おいしいように思えるが、同じくらいリスクを抱えている可能性も捨てきれない。

長期的な投資をしたからといって必ずしも大きな利益が保証されるわけでもないが、少なくとも考える時間や修正できる時間はある。何も考えず短期的な商品に手を出すのは、そういう意味でも危険度が高いのだ。

株式投資にしても、保有している株の価値が大幅に下がったとしても、慌てて売却せずにしばらく塩漬けにして様子を見るほうが得策だったりもする。

「急いては事を仕損じる」ではないが、お金がらみのことは慎重すぎるくらいのほうがリスクは少ないのだ。

「迷っているならおすすめしません」で買いたくなる人間心理

心理学に「心理的リアクタンス」という言葉がある。

これは、ある圧力に対して反発する心の動きのことで、たとえば「勉強しなさい」と言われるとやる気はしないが、「わかった。もう勉強はしなくていい。好きなだけ遊んでいなさい」と言われると、逆に勉強したくなるような、子どもの頃なら誰にでも思い当たる心理効果のことである。

ショッピングでも同じことがいえる。

店員につきまとわれて「それは買って損はないですよ」とか「お安くしておきますよ！」などとグイグイ来られると、買う気満々でいたのに急に冷めてしまうこともある。

ところが、「迷っているならおすすめしません」とか「本当に必要としている人以外にはお売りできません」のように、突き放すように言われると、むしろその言葉に反発したくなってがぜん購買意欲が湧いてくるものなのだ。

消費者の「心理的リアクタンス」を刺激してくるのは、マーケティングでは常套手段だ。

これに引っかかると、じゃあ買ってやろうじゃないかとなると、その術中にまんまとハマってしまうことになる。

これを回避するには、すぐに購入を決めずに「それはなぜですか？」と、おすすめしない理由を突っ込んで聞いてみたい。

相手の反応がしどろもどろであれば、その宣伝文句は裏づけのない上滑りのセールストークだ。そんな商品にお金を支払うだけ損である。

そもそも通販サイトにはどうしてレビュー欄があるのか

商売をする人にとってネットのクチコミは侮れない。誰もが気軽に情報を発信できる今、自社の商品や客への対応がネットでどう評価されるかで企業イメージは大きく変わってくるからだ。

そして、何よりも重要なのは、別の消費者がそのクチコミを目にすることで世間の消費行動が左右され、売り上げに直接影響してくるということだ。

たとえば、メーカーの人に「この商品は本当に美味しいですよ」と言われても、「そりゃ作った人は売りたいだろうからそう言うよな」とイマイチ買う気にはなれないが、まったく利害関係のない第三者が「この商品は本当に美味しかったから、みんなにすすめたい！」と言えば、信憑性はかなり増してくる。

ネット通販などは、このクチコミ効果をうまく活用して成功している典型的な例だろう。

たとえば、通販サイトなどには買った人のレビューの評価とともに商品についての感想などが細かく掲載されている。どれにしようか決めあぐねている場合、多くの人はこのレビューの「☆（星）」の数やクチコミの内容を参考にして購入を決めているはずだ。

同じ内容ならダイレクトに言われるよりも、第三者を通すとより信頼性が高くなる。これは「ウィンザー効果」と呼ばれるものだ。

企業にしてみれば、自分たちで発信するよりも第三者に発信してもらうほうが効果的なので、とにもかくにもクチコミ集めに必死になる。

なかには、レビューを書いてくれたら送料無料など、実費をかけてでもクチコミを書かせようとしているところもあるほどだ。

満足しなければ当然悪く書かれるのだから諸刃の剣でもあるが、それを差し引いても余りある効果は期待できる。

副業でネット通販をしているような人は大いに参考になるはずだ。

欲しくなくてもお金を出しちゃう「抱き合わせ商法」のカラクリ

「抱き合わせ商法」という販売方法があるが、これはある商品を売るために、他の商品をセットで販売するという意味だ。

さまざまなケースがあるから一概にはいえないが、人気のゲームソフトに不人気なゲームソフトをくっつけて販売したケースなどは社会的にも問題になった。悪質でひどいケースとなると、公正取引委員会から注意や処分を受けることもある。

また、ここまではないものの、それに近い事例は身近にも転がっている。

たとえば、クルマを買った時のエアロパーツなどのオプション、楽器を買った時のメンテナンスグッズ、靴なら消臭スプレーや靴下など、本来は買う予定はなかったのに、気づいたらすすめられるがままに買っていたという経験はないだろうか。

これは、販売側が「テンション・リダクション効果」という心理効果を利用しているのだ。

テンション・リダクション効果とは、特に高い買い物をした時など、客が購入を決心して緊張が緩んだ隙に別の商品をすかさずすすめて買わせようとすることだ。最初からセットになった抱き合わせ販売とは異なるが、結果としては同じことになる。

大手ネットショッピングサイトで、何か商品を購入すると「この商品を買った人はこんな商品も買っています」などと関連商品がずらりと表示されたりするが、これも同様だ。

買う側としては購入を決めてホッとしているから、深く考えずに「ついでに買っちゃうか」とポチりやすくなってしまう。我にかえった時に「これは余分な買い物だったな…」と後悔しても時すでに遅しなのだ。

LOTOにハマる人が陥っている「コントロール幻想」の謎

宝くじが売り出されると、発売初日や大安吉日の窓口にずらっと行列ができているのを目にする。

一攫千金を狙って宝くじやLOTOを買う気持ちは大いにわかる。コツコツ貯めるのがバカらしいわけではないが、まとまったお金を手にした将来を妄想して夢を見るのは悪くないものだ。

ところで、宝くじとLOTOではどちらが当たりやすいかといえば、種類にもよるので一概にはいえないが、ただ決定的な違いはLOTOは自分で数字を選べるという点だ。

宝くじも自分で選ぶことはできるが、すべての数字を希望通りにすることはできない。そのため、人によっては自分で選べるLOTOのほうが当たりやすいと感じるのではないだろうか。

この心理は「コントロール幻想」と呼ばれるバイアスの効果で、本来は自分のコントロールが及ばない領域のものでも、自分が影響していると感じてしまうことを意味する。

たとえば、パーティのビンゴゲームで、「あらかじめ決まっている賞品」がもらえるのと、「箱に入った3つの賞品のうち、どれか1つを選ぶ」の2択があったら、後者のほうが嬉しいという人は多いのではないだろうか。

このバイアスは、手にしたものが当たりだろうがはずれだろうが納得しやすくなるが、一方で射幸心も増幅する。

宝くじが「どうせ当たらない」とあきらめやすいのに対し、LOTOは「今度こそ！」という心理に陥りやすい。今まさにハマっているという人は、できれば自制したほうがいいかもしれない。

歯止めの効かない浪費癖に陥りやすい「ディドロ効果」とは？

その昔、ある男が新しいガウンを友人にプレゼントされた。それまで男が手にしたことのないような高級なガウンである。

そのガウンに魅せられた男は、それまで自分が持っていた古いガウンはおろか、部屋にあるものすべてが、ムダなものに思えて、新しいガウンの価値に見合う調度品や時計などを次々と買い揃えた。

この結果、得たものは「自分らしくない居心地の悪い生活」と「借金」であった…。

これは、18世紀のフランスの哲学者、ドゥニ・ディドロの『古いガウンを手放したことについての後悔』という自著に掲載されていたものである。

以来、新しいものを手に入れると、それに合わせて新しいものを買い揃えたり、趣味のグッズを次々と購入してしまうことは、専門分野では「ディドロ効果」と呼ばれている。

誰でも新しいスーツを手に入れたら、それに合ったシャツ、ネクタイ、靴が欲しくなる。これ自体は珍しいことではないが、手持ちのものが急に野暮ったく見えて、クローゼットの中身をすべて新調したくなるくらいの極端な衝動は危険極まりない。

また、ゴルフを始めようとなった時に、最初から高いウェアやクラブを買い、果てはゴルフ場に通うクルマまでも買い替えてしまうような、形から入るような人もアブない。

このディドロ効果は歯止めがきかないと悪いクセになりやすい。そんな傾向が少しでも現れた時には、それは本当に自分に必要なのか、一度立ち止まってみる習慣をつけてみたい。

●参考文献

『予想どおりに不合理〔増補版〕』（ダン・アリエリー著、熊谷淳子訳／早川書房）、『お金の才能』（午堂登紀雄／かんき出版）、『お金を整える』（市居愛／サンマーク出版）、『１００円のコーラを１０００円で売る方法』（永井孝尚／中経出版）、『幸せをつかむ資産活用』（西本美乃監修／アントレックス）、『ガラケー男がネット副業で年収５０００万円』（五十嵐勝久／扶桑社）、『数字は人格』（小山昇／ダイヤモンド社）、『儲けのしくみ 50万円からできるビジネスモデル50』（酒井威津善／自由国民社）、『はじめての人のための３０００円投資生活』（横山光昭／アスコム）、『お金に強くなる！（ハンディ版）』（山崎元／ディスカヴァー・トゥエンティワン）、『お金を無理なく増やす鉄則を教えます』（文藝春秋）、『絶対儲かる「値上げ」のしくみ、教えます』（石原明／ダイヤモンド社）、『これから始まる自動運転 社会はどうなる？』（森口将之／秀和システム）、『まんが 一生お金に困らない！ お金がどんどん増える本』（日経ＢＰ社）、『週刊ダイヤモンド 2017/12/23』（ダイヤモンド社）、『日経トレンディ別冊 これ一冊で、一生お金に困らない！』（日経ＢＰ社）、『ＥＡＳＴ ジェイアールイースト ２０１７年２月号』（ジェイアール東日本企画）、『ＡＥＲＡ ２０１８年２・19号』（朝日新聞出版）、『日経トレンディ ２０１７年11月号』（日経ＢＰ社）、『週刊現代 2018.1.17』（講談社）、国連「World Population Prospects 2017」、経済産業省「クールジャパン政策について」、日本政府観光局 プレスリリース（平成30年１月16日）、朝日新聞、日本経済新聞、読売新聞、ほか

○ホームページ

ビットフライヤー、日経ＸＴＥＣＨ、猿払村漁業協同組合、ＮＩＫＫＥＩ ＭＥＳＳＥ、日経電子版、

飛騨市公式観光サイト、ニューズウィーク日本語版、産経ニュース、時事ドットコムニュース、日刊工業新聞、読売オンライン、日本経済新聞、下野新聞、電通報、毎日新聞、週刊東洋経済プラス、ニッセイ基礎研究所、日経デジタルヘルス、NEWSポストセブン、NIKKEI STYLE、楽天証券トウシル、SMBC日興証券、大和投資信託 マネーLifeStyle、SBI証券、円満相続税理士法人、マネーの達人、ファイグー、ダイヤモンドザイONLINE、常陽銀行、老後資金の教科書、NHK 解説委員室、YAHOOニュース、MONEY PLUS、GMOクリック証券、東洋経済オンライン、JRA、佐藤製薬、統計局、日経トレンディネット、花王健康科学研究会、TIPNESS、株式会社Knotホームページ、人形工房ふらここホームページ、株式会社みんれびホームページ、株式会社スタイルリンクホームページ、ほか

青春文庫

新《あたら》しい経済《けいざい》の仕組《しく》み
「お金《かね》」っていま何《なに》が起《お》きてる?

2018年 4 月20日　第 1 刷

編　　者　マネー・リサーチ・クラブ
発 行 者　小 澤 源 太 郎
責任編集　株式会社プライム涌光
発 行 所　株式会社青 春 出 版 社

〒162-0056　東京都新宿区若松町 12-1
電話 03-3203-2850 (編集部)
03-3207-1916 (営業部)
振替番号　00190-7-98602

印刷／大日本印刷
製本／ナショナル製本
ISBN 978-4-413-09694-2

この一冊で面白いほど人が集まるSNS文章術

思わず読みたくなる文章の書き方から、ネタ探し・目のつけドコロ、楽しく続けるためのSNS疲れ対策までまるごと伝授！

前田めぐる

(SE-692)

謎が謎を呼ぶ！名画の深掘り

《恋文》フェルメール、《睡蓮》モネ、《南天雄鶏図》伊藤若冲…。画家と作品に隠されたストーリーを巡る旅！

美術の秘密鑑定会［編］

(SE-693)

新しい経済の仕組み「お金」っていま何が起きてる？

知らないところではじまっている〝お金革命〟。知らないとソンするポイントが5分でわかります！

マネー・リサーチ・クラブ［編］

(SE-694)

誰もが知りたくなる！パワースポットの幸運ガイド

運を呼び込む！力がもらえる！神社、お寺、山、島、遺跡……〝聖なる場所〟の歩き方。

世界の不思議を楽しむ会［編］

(SE-695)